# うちの子はADHD

## 反抗期で超たいへん!

かなしろにゃんこ。

監修 田中康雄
こころとそだちのクリニック むすびめ 院長

kokoro library

講談社

はじめまして✿
このマンガを描いた
かなしろにゃんこ。です。

息子のリュウ太には
発達障害のADHDと
軽い自閉スペクトラム症があります。
うちの子の特徴は……

# リュウ太の特徴

## ◆赤ちゃんの頃から、とても育てにくい子で……

★いつも機嫌が悪かった。

★小さな物音や気配に敏感で、体をのけぞらせて火がついたように泣く子だった。

## ◆保育園時代は……

★怒って物を投げることが多く、周囲を困らせた。

★衝動的に行動するので、ケガが多かった。

## ◆小学校に行っても……

★落ち着きがなくて、じっとしていられない。体のどこかをいつも動かしていた。

★授業中、勝手に教室から出ていくことがあった。

★授業中に爆睡。現在もよくある。

小学４年生のときにＡＤＨＤの診断を受け、支援を受けはじめる。

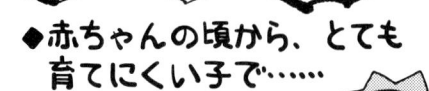

## ◆今もこんな特徴が……

ウソのつき方
知らない
ウソをつく
理由もない

★ウソがキライ。表裏がなく本音で生きている。

すし 活
閉店
お寿司ダメだ
他のにしようか
やだよ
寿司以外ムリ

★自己主張が激しくて、融通がきかない。
★一度思い込むと訂正が難しい。

★忘れ物・なくし物は日常茶飯事。
★表情や態度から、相手の気持ちに気づくことができない。
★人の話はよく聞かずに、自分が話したいことをべらべらしゃべり続ける。

ギンギン
ん?これは
頭が痛い?
ズキ
ズキ

★熱中しすぎて体調が悪くなっても、それに気づけない。

イラ
イラ
ケンカ
上等!

★イライラしやすく、しゃべる内容の7割はグチ。
★急なルール変更は、気持ちの整理ができずにパニックになる。
★ケンカも多い。

うるさいっ!
ガン
ドカドカ

★静かに過ごすことができない。
足元にまで注意が回らないことも多い。

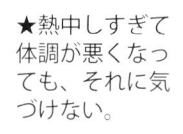

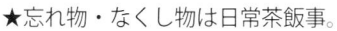

私は今まで
こんな本を出してきました

リュウ太の幼少期から
発達障害と
診断されるまでを描いた
『うちの子はADHD』

発達障害がある人の
進路選択について描いた
『うちの子、将来どーなるのっ!?』

人づき合いを
テーマに取材した
『うちの子、人づきあい
だいじょーぶ!?』
です。

制作の最中
息子が反抗期に突入しました！

幼少期も手がかかりましたが
反抗期も大変です。

なんでこうなの!?
どうしてそう考えるの!?

個性的な息子と暮らして
感じたことや発見を
マンガにしました。

ADHD（注意欠如・多動症）は、脳の一部の機能に障害があって起こります。知的な遅れはなく、感情や行動のコントロールが難しいという特徴があります。主な症状は、「不注意」「多動性」「衝動性」で、これらの症状が複数出ることもあります。そのため、ケガをしやすかったり、忘れ物やなくし物が多かったり、じっとしていられなかったり、思いついたことをすぐに実行してしまうなどの行動が見られます。

# 目次

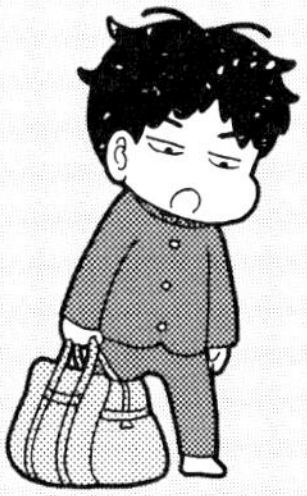



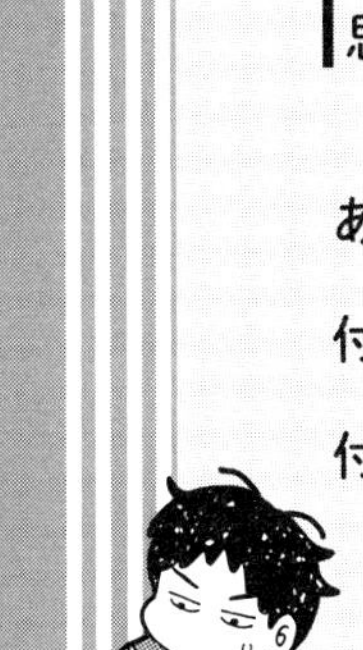

企画構成／宇野智子 装幀／山原 望

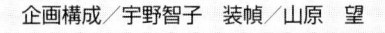

# 1 反抗期のまえぶれ!?

ただいまっ
もうっ 学校やだっ 行きたくない！
またなにか あったの？
ああ そーだよ
ADHDの診断を受けた小学4年生のときリュウ太は毎日荒れていました
杉田が急にモンク言ってきてケンカになった
プチパニック

ドッジボールのルール変わったの知らなかったのにさっ
ワザとじゃないのに
ルールムシしたって言ってきてさっ
ワーワー
クラスの子とうまくいかないことが多くなってる
しばらく叫びまくって
リュウ太は少しスッキリするけれど……
ふう
シャキーン
ゲームでもするか
毒吐き出して復活したね
相手が急にモンク言ってきたわけじゃなくって
リュウ太がちゃんと話を聞いてなかったり
理解されなかったりして みんながまんしてたけど
とうとうキレたパターンでは?
低学年のときから こういうところは
全く進歩がないんだ。 でも強い言い方されると
イヤだよね。 こっちもキレちゃうし リュウ太は
かぶせるように強く言い返しちゃったり
暴れたりするから
みんなから攻撃される原因になるって
先生も言ってたっけ。 そういうところ
からかわれたりしちゃうから イジメに
発展しないか心配なんだよね……
もしかしていじめられてるのかな?
逆に私は不安になる

ある日は
も〜
塾行きたくないっ
ドカドカ
わああー!!
イヤなヤツが
オレのケシゴム取って
返してくれなくって
そいつに
モンク言ったら
オレが先生に
怒られたっ
騒いだから
帰れって言われた
もうあんなところ
行きたくないっ
ドカ
さんすう④
え〜〜
わわわコラ
蹴らないの!
オレが
悪いんじゃ
ないのに
うんうん
あ〜〜
こうなると
手がつけられない
ドカ
意地悪な人には
敏感に反応しちゃう
んだよね
そういうときは
落ち着いて
先生に相談した
ほうがいいよ

ケシゴム返してって言うの悪いわけ?
直接言うとケンカ腰になっちゃうから間に先生に入ってもらってね
分かんないよそんなのっ
ああ言えばこう言う
アドバイスをしても反発をくり返すばかり……
イラッ
どうしていいか分からなくなっていました
ハァ~
心配になるからなるべくグチは聞きたくない……
受けとめるのツライ……
クリニックの心理士さん
子育ての相談にものりますよ
そういえば
診断を受けてからお世話になっているクリニックの心理士さんに聞いてみようかな

こころ
クリニック
お子さんのグチ 大変ですが なるべく 怒らないで 聞いてあげて ください
え～～～
お母さんにしか 言えないんですもん
スッキリすれば お子さんの気持ちが 少し軽くなりますから
怒らないように ですか～ 難しいな～
怒る回数を 減らして
代わりに 「ありがとう」 など ほめられて うれしい言葉を かけてあげてください
これが もうすぐやってくる 反抗期に 効いてくるんです
エーッ!!
反抗期!?

そのときのためにも 今から 良好な親子関係に しておくといいですよ
親子関係が 悪いと エネルギーを使って お互い疲れちゃう んです 療育もしにくく なります
え〜〜
でも うちは 問題のないときは 親子仲いいんで 大丈夫です
まだ 甘えてくるし
ちょっと 抱っこしてくれ
あんたもう 10歳でしょ〜 はずかしいよ
ええ 今はまだ 心配いらないと 思いますが
小学校高学年に なると 変わってきますよ
!
反抗期かぁ〜
どんなふうに なるのかな〜

金だ！
金よこせよ
ババア
こんな？
まー うちは
大丈夫っしょ
こうノンキに
考えていたら……
♪
♪
あ～～
もうっ
イラ
イラ
ガシャンッ
なんなんだよっ
クソッ
リュウ太！
ゲームに
当たらないのっ
ギロッ
うっせーな!!
何度やっても
うまくいかねーんだよっ
話しかけんなよっ!!

え……!?
なにその言葉づかいは
親に向かってその言い方はないでしょう
イライラするならゲームをやらなきゃいいじゃない
だって他におもしろいことねーんだもん!
うっぜーな もうっほっといてくれよ
なんなのよ〜〜
目つきも言葉もなんかいつもと違う!?
うざいからうざいって言ってんだよっ
ナマイキ〜〜
前はまだ口答えしてもかわいらしかったのに
ん?
コレって……

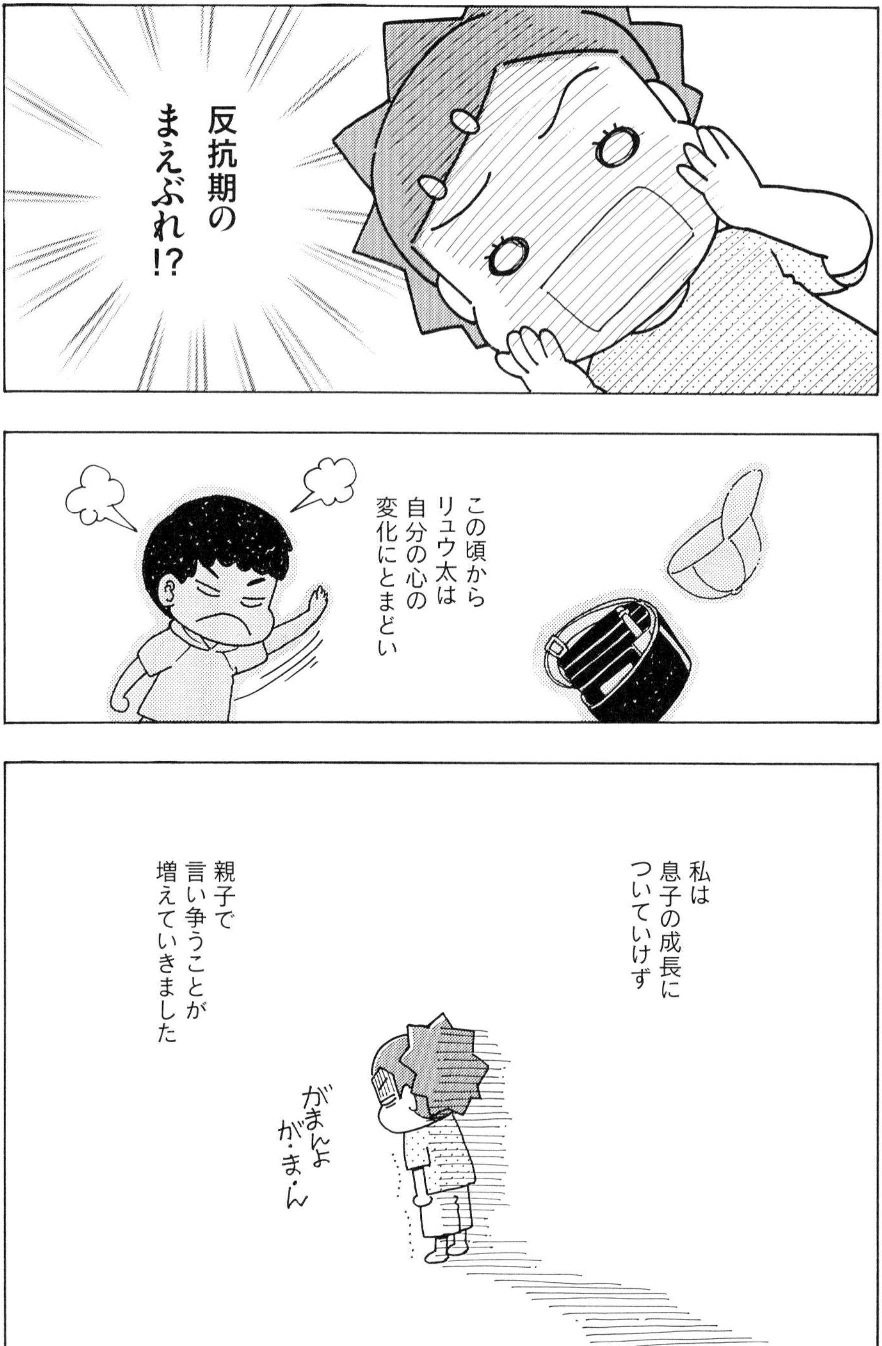

反抗期のまえぶれ!?
この頃からリュウ太は自分の心の変化にとまどい
私は息子の成長についていけず
親子で言い争うことが増えていきました
がまんよ
が・ま・ん

# 2 ADHDのことを伝える

短気な母親ですが
あきらめずに「怒らず見守る育児」を自分に言い聞かせて
毒
毒
毒
この子は人を怒らせるのは天下一品ね
今日みたいにウソのように穏やかな日が続くといいんだけどな～……
でもイライラが激しくなることもあって
ADHDの症状を抑える薬を服用していました
今日はお薬もらいに行くよ
イエーイじゃあ学校休みー

こころ
クリニック
終わるまで おとなしく しててね
ねぇ なんの薬を もらうの?
オレ なんか 病気なの?
え!
え〜とね……
うわー なんて言えば いいんだろ 考えてなかった
お腹が 痛くならない 薬かな〜
ふーん

とっさに
ごまかしちゃったけど
発達障害って
本人に伝えたほうが
いいもんなのかな?
それとも
伝えないほうが
いいのかな?
うーん
分からん
では
お薬は
7日分ね
そこで
診察のあとで
心理士さんに
聞くことにしました
リュウ太は
待合室で
本読んでてね
うん
本人への
告知はですねー

理屈が理解
できるようになる
中学生になってからが
いいと思います
オレは発達障害!?
受験に影響が
出ない
中2のはじめ頃を
おすすめします
そうですか……
中2くらいに
でも
ナゼか
ひっかかった
中2って
反抗期の
ド真ん中よ
そのときって
親の話を
まともに聞く耳
ないだろうな～

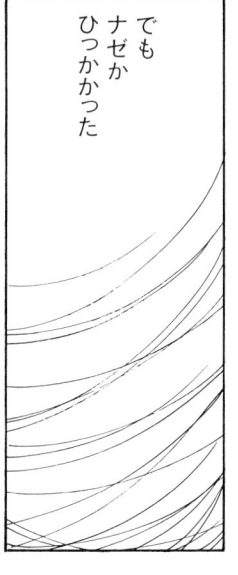

反抗期のピークに
発達障害なんて
知ったら
パニックで荒れそうな
気がする
なんとなく
想像がつくように
なってきた
なんだよそれっ
知らねーよ
今は話をしても
脳の機能の
障害だとか
難しいことは
理解できないかも
しれないけど
へ〜
ふ〜ん
ゆら
ゆら
本格的に
反抗期に入る前に
ADHDっていう
病気があることを
簡単に伝えていこう
ねぇ
アイス
食べたい
だって
これから
いろいろなことを
教えていくのに
ADHDのことを
避けて育てるのは
私には難しい

それから3ヵ月 小4の3学期
今日は わりと 落ち着いてる
今なら 話しても 大丈夫かな
ゴリゴリコミック
あのね リュウ太 ちょっと話を 聞いてくれるかな
前に リュウ太が 「オレ なんか 病気なの?」って 聞いたじゃない
そーだっけ?
すっかり忘れてる
あのね…… あれね
リュウ太の 脳の一部が うまく働かない 病気があってね
うん
リュウ太は ずっと座って いられなかったり よく忘れ物したり 思いついたことを すぐやっちゃったり するじゃない

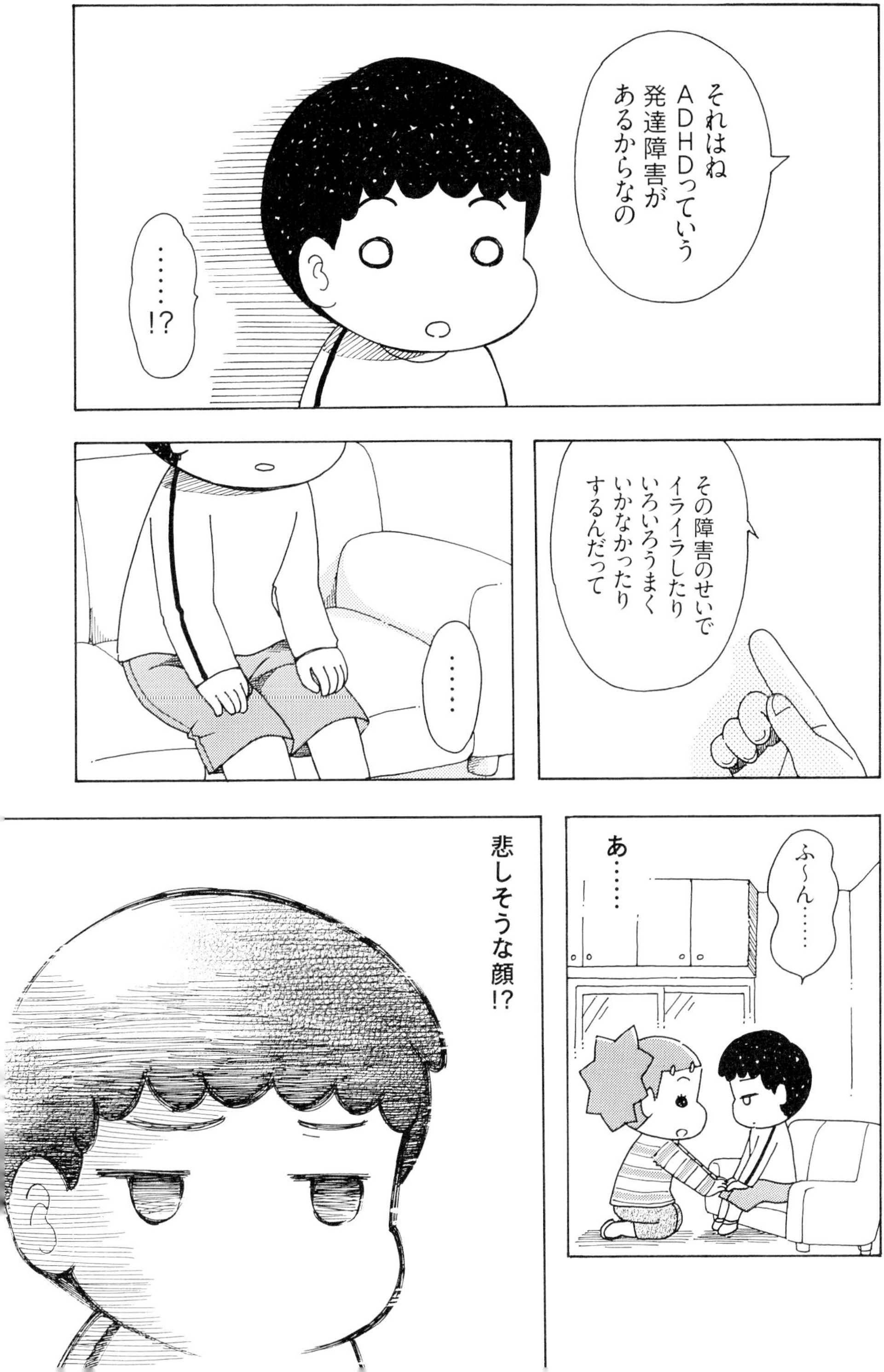
それはね
ADHDっていう
発達障害が
あるからなの
……!?
その障害のせいで
イライラしたり
いろいろうまく
いかなかったり
するんだって
……
ふ〜ん……
あ……
悲しそうな顔!?

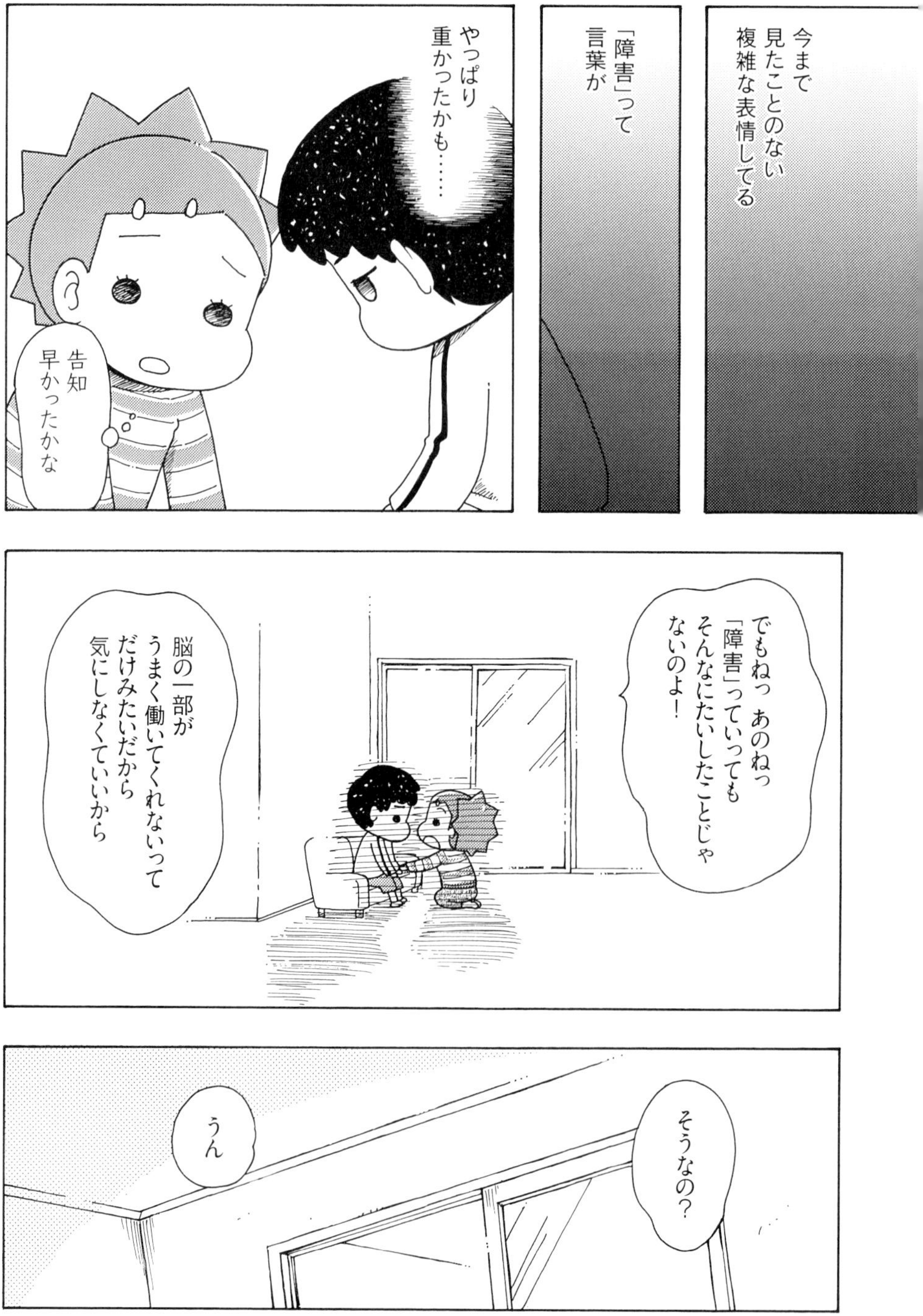

今まで
見たことのない
複雑な表情してる
「障害」って
言葉が
やっぱり
重かったかも……
告知
早かったかな
でもねっ あのねっ
「障害」っていっても
そんなにたいしたことじゃ
ないのよ！
脳の一部が
うまく働いてくれないって
だけみたいだから
気にしなくていいから
そうなの？
うん

今はそんなに心配しなくても大丈夫だから
うん
たいしたことないなんて言っちゃったけどリュウ太の注意欠如は重い
でもそれは今は言えない
少しずつ自分のことを分かっていけばいいと思ったのでした

告知してよかったのか悩んでいた頃
自閉症児の支援をしている臨床発達心理士の先生の講演会で
LL大学病
子どもへの告知は明るく言いましょう!
ニコニコしながら「あなたは自閉症なのよ」って伝えたほうがいいんです
え――――!? そういうのアリなの!!
だって自閉症って悪いものなんですか?
悪くないですよね

親が暗〜く告知したら子どもは自分が自閉症だから悪いんだって思ってしまいます
これは！
私のことだ——!!
ADHDは悪いもんじゃない
笑いながら「リュウ太は発達障害っていうのでね」って伝えればよかったんだ

あのとき
リュウ太が
悲しい顔を
したのは
私が悲しい顔を
していたからなのかも
しれない
ビュオオオ…
それに
ADHDの
悪いところしか
言わなかった
ADHDには
いいところもある！
それも
伝えていこう

# 3 みんなに理解してほしい

リュウ太は次から次へとやりたいことがひらめくよね～
それはＡＤＨＤのいいところ

知ってた？会社の社長さんとかにＡＤＨＤの人が意外といるんだって
ひらめいたアイディアを商売に活かして成功する人は行動も早いんだって
へーそーなんだ
工作中

リュウ太が小5になってからはＡＤＨＤの話をすることも慣れてきて

発達障害というワードも受けとめられるようになってきました

リュウ太
小5の2学期
あ～
先生との面談の日が
今学期もきた～
ドキ　ドキ
ハ～ッ
今回も
よくない報告
なんだろうな～
でも
落ち着きがないとか
忘れ物が多いといった
話ではありませんでした
5－1
リュウ太くんの
イライラが
激しくなってきて
周りの子が近寄り
づらくなっています
担任の先生
このままだと
孤立するかも
しれません
集団のなかでの
イライラは
小さな頃からだから
驚かないけど

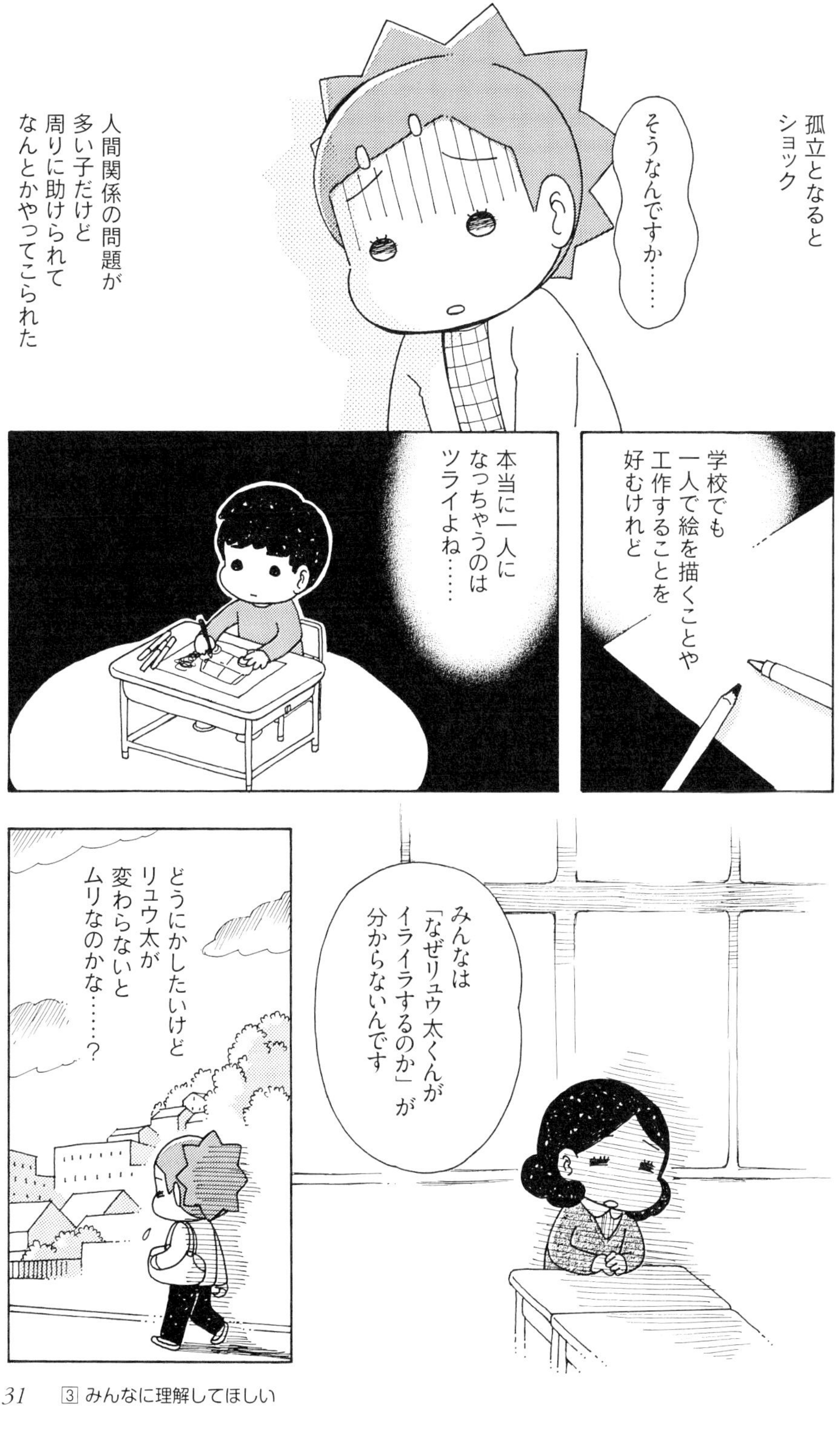
孤立となると
ショック
そうなんですか……
人間関係の問題が
多い子だけど
周りに助けられて
なんとかやってこられた
学校でも
一人で絵を描くことや
工作することを
好むけれど
本当に一人に
なっちゃうのは
ツライよね……
みんなは
「なぜリュウ太くんが
イライラするのか」が
分からないんです
どうにかしたいけど
リュウ太が
変わらないと
ムリなのかな……？

それに
中学に行ったら
友だち関係が
うまくいかずに
ぐれちゃったり
するのかな……？
不安
不安
不安……
そんなことで
落ち込んでいたとき
PTA会議室
かなしろさんちは
子どもを虐待してるって
××さんたち言ってたよ
はあ〜〜!?
なにそれっ
「そのストレスで
学校で子どもが
暴れるんじゃないか」
って言ってるけど
ヒドイ
決めつけだね
それは
ないない

子どもの面倒を
ちゃんと見てない
とかも言ってたよ
え……!?
リュウ太くん
虫歯とかある?
大丈夫?
虫歯は
ないけど
なんで?
ああ!
今の質問は
育児をちゃんと
しているかの目安か!
虫歯たくさん
=
ネグレクト
*ネグレクト=育児放棄
誤解されるのは
すごくヤダな
でも……
これも
しようがないのかな……
ショックなことが
いろいろ続いて
完全に心が
フリーズ
考えたくないの〜

落ち込むことが続いた
そんななか
ネットで
あるページを
見つけました
ん!?
こういうの
アリなんだ!
それは
自閉症のお子さんを持つ
ある親御さんが
子どもが通う学校で
配付したペーパーでした
カズヤ通信
カズヤの父・母より
カズヤは じへいしょう という しょうがいが
あります。
カズヤは きゅうに 話しかけられると
おどろいて ドキドキしてしまいます。
カズヤは さわられることがキライです。
カズヤは そばで 大きな声を出されると
つらくなって おこります。
カズヤは 本を よむことが 大すきです。
本をよんでいるときに 話しかけられると
とても イヤになって 大声を出してしまいます。
カズヤは 気もちを うまくコントロールできません。
こんなカズヤですが これからも 今までどおり
なかよくしてください。
よんでくれて ありが
このペーパーは
子どもが自閉症で
あることを
親が受け入れている
みんなに
自閉症を
分かってもらいたい
気持ちが伝わるな〜

私はリュウ太のADHDをなるべくクラスのみんなに隠せたらいいと思っていたけれど
もしかしたら逆かもしれない！
こっちから発信しないと分かってもらえない
うちもこういうペーパーを作ってみよう
ねえ見てくれる
リュウ太のADHDのことをみんなに分かってもらおうと思って作ってみたの
ふーん
どう思うかな
ドキドキ
いつも仲よくしてくれてありがとう！
かなしろリュウ太 通信
かなしろりゅう太には 発達障害のADHDという少しややこしい症状があります。
病気ではないのだけれど、脳の働きがうまくいかないことがあって、少し変わった行動をとってしまいます。 そのお話を少しさせてくださいね♪
★リュウ太は、イスにずっと座っていると、とても苦しくなってしまいます。そのために、すぐに立ち歩いてしまいます。
★よく物をなくします。物を置いた瞬間に忘れてしまいやすいのです。
★おしゃべりを自分で止められないときがあります。つぶやいているとツラくなくて落ちつくからです。
★聞きまちがいや言いまちがいをしてしまいます。まちがえていたら、やさしく注意してくださいね。
みんなと同じような行動がとれないところがあります
体の動きでうまくできないところがあります
★指をうまく動かすことができません。そのために、細かい工作などはとても時間がかかってしまいます。
★思ったように体を動かせないので、変な動きになってしまうことがあります。そのため、走ったり、リズムダンスをしたりすることがうまくできません。
★言われたことを覚えていられないことがあります。
★ルールや予定の急な変更が、とてもツライです。ルールや予定の変更に慣れるのに時間がかかります。
そのほかこんなところもあります
こんなふうに、できない

ムカツクことが減るならそれでいい
リュウ太のストレートな返事はもっともだと思いました
配ってもいいんじゃない
イライラするリュウ太を周りのみんながイヤだと感じているように
本人もイヤだと思っていたのでした
S-1
リュウ太くんのことを知ってもらうペーパーを配るのはいいと思います

発達障害という
病気があることも
分かってもらえ
ますしね
ただ……
はい
なかには
「障害」を
差別する子も
出てくるかも
しれません
それは
考えておいて
ください
学級目標
明るく元気で
思いやりのある
1組!
1月の予定
はい
私も
ある程度
差別はある
だろうな〜と
思っています
発達障害を
きちんと理解は
してもらえないかも
しれないけれど
このペーパーで
クラスの子にも
ウワサをする保護者にも
知ってもらいたいと
思ったのです

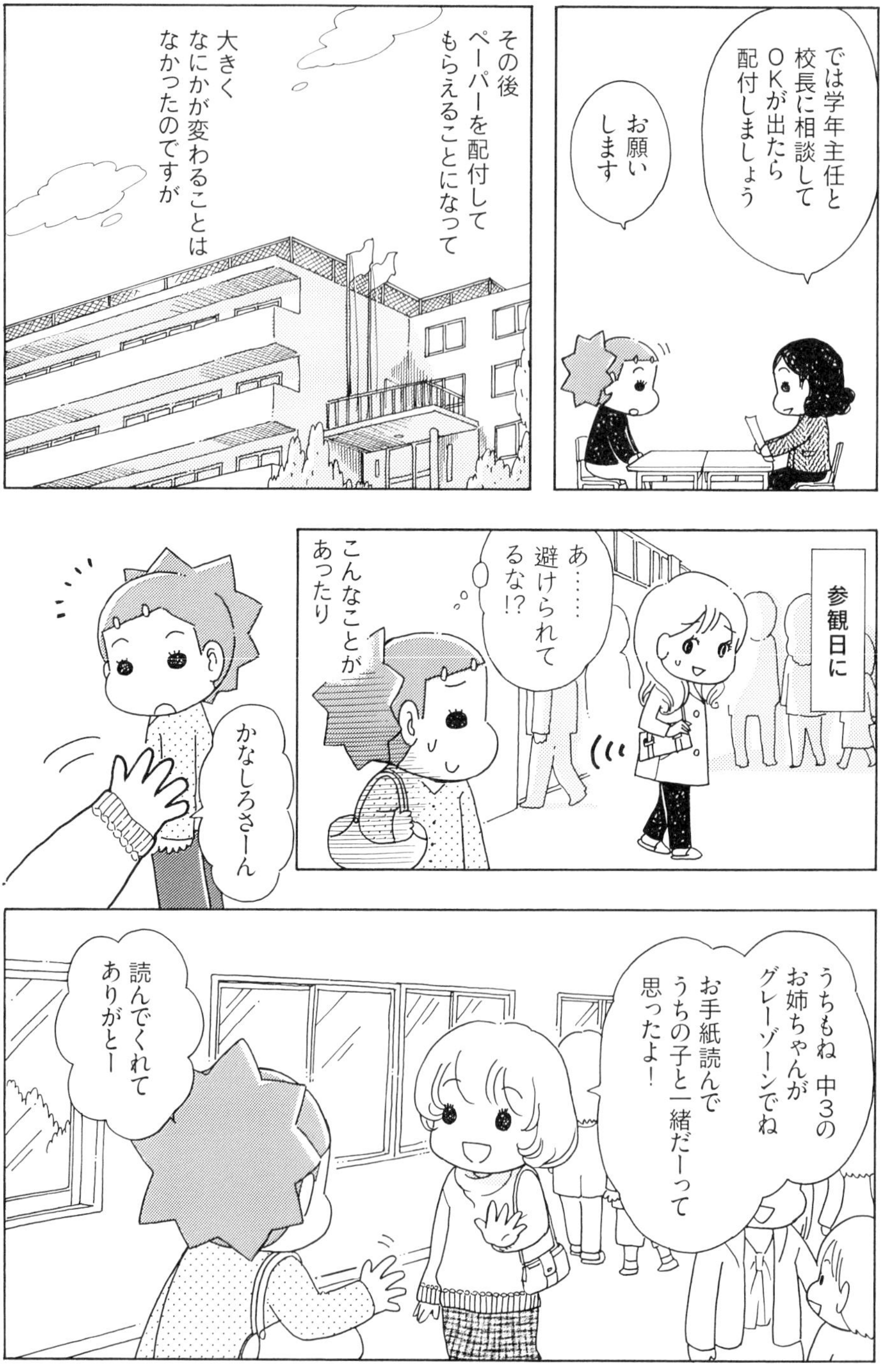

では学年主任と校長に相談してOKが出たら配付しましょう
お願いします
その後ペーパーを配付してもらえることになって
大きくなにかが変わることはなかったのですが
参観日に
あ……避けられてるな!?
こんなことがあったり
かなしろさーん
うちもね 中3のお姉ちゃんがグレーゾーンでね
お手紙読んでうちの子と一緒だーって思ったよ!
読んでくれてありがとー

同じ困り感を
持つ子のママと
繋がったりして
共通の悩みを
伝え合えるように
なりました
リュウ太は
あいかわらず
ちょっかいを
出されて
イライラするのが
減ることもなく
もう学校に
行かない!
こんなふうに
言うことすら
ありましたが
え～
少人数ながら
フォローしてくれる子が
出てきたことで
なんとか卒業まで
通うことが
できたのでした
LLLL小学校
第38回卒業証書授与式
ホッ

## 友だちに助けてもらって

リュウ太くんを助けてくれる子がいますよ
5-1
えーホントですか!?
キレイ好きな女の子
わーリュウ太の机汚い
持って帰らないプリント多すぎでしょ
怒りながらも整頓してくれるそうで
──でまとめてくれたのがコレです
ずしっ
そう自分で持ち帰らないのがアイツ!

## ありがとうの気持ち

先生に聞いたよ しおりちゃんがプリントまとめてくれたって
お礼は言ったの?
ううん
親切にしてもらったらありがとうって言おうよ
えー なんでオレが?
それはあいつが勝手にやったことだし
いらないプリントだし
コイツ冷たい男か!?
「思いやり」がなんなのか気づきにくいようです
あのねー こっちが頼んでないことでもやってもらったら言うの〜〜
はっ〜 なんで?

# 4 入学前に中学校へ

リュウ太は なにが「ウザイ」のか 知らないけれど 目に映るもの全てに モンクをつける
ウゼー マジ ウゼー
きゃあ
きゃあ
アイドル♫天国だ
小学校を卒業した タイミングで
お母さんの スマホ いじらないでよー
わかってるよ うっせーなー 少しぐらい いいだろう
完全に反抗期に

なんでもケンカ腰でしゃべらないの
超ムカツク
は〜？そんな言い方してねーけどは〜？
してますよしてます〜！
そっちの言い方のほうがムカツクんだよ
毎日のように親子バトルが起こります
ぶん殴りてぇ
ムキー
かわいくない
親子間でもぶつかってばかりでもうすぐスタートする中学校生活はこれで大丈夫なのかな？
は―
一度中学校に話しに行ったほうがいいかなぁ……
カチャカチャ
卒業式前のこと
もしリュウ太くんのことで心配があるようなら中学入学の前に相談に行ってみるといいかもしれません
6年の担任の先生

小学校と中学校では発達障害の子への教育支援が異なると思いますので
！
そうなんですか
こうアドバイスを受けていました
異なる？
どう違ってくるんだろ？
リュウ太のことだから必ず迷惑かけるだろうし症状のこと伝えておかなきゃ！　と
校長室
春休みの間に中学校へ相談に行きました
──でどんなご相談ですか!?
校長先生
学年主任

うっ
話し出しにくいな〜
あの〜
うちの子は
発達障害が
ありまして〜
普通の子と比べて
苦手なことが
多いんですが〜
はいはい
発達障害が
あってもなくても
あまり
関係ないんですよ
生徒は自主的に
行動して
教師はそれを
見守ります
注意欠如が
重いから
その自主的が
難しいんだよな〜
発達障害の
生徒に向けた
教育支援は
特に
ない感じ
ですかね？
ないです！
うちは
特別扱いは
しませんから
この言葉で
なんだか突き放された
ような気がしました

特別扱いをしてほしいんじゃなくって教育支援の相談をしたかったんだけど……
問題が起こったらその場で指導しますから心配いりませんよ
その指導が発達障害の子に合っているのかが心配なんだよな～
大丈夫心配いりませんよ
はい……
「みんなのようにはうまくできないことがあります」と伝えたかっただけなのにな～
発達障害があるって言わないほうがよかったかな……
逆に不安になっちゃったな

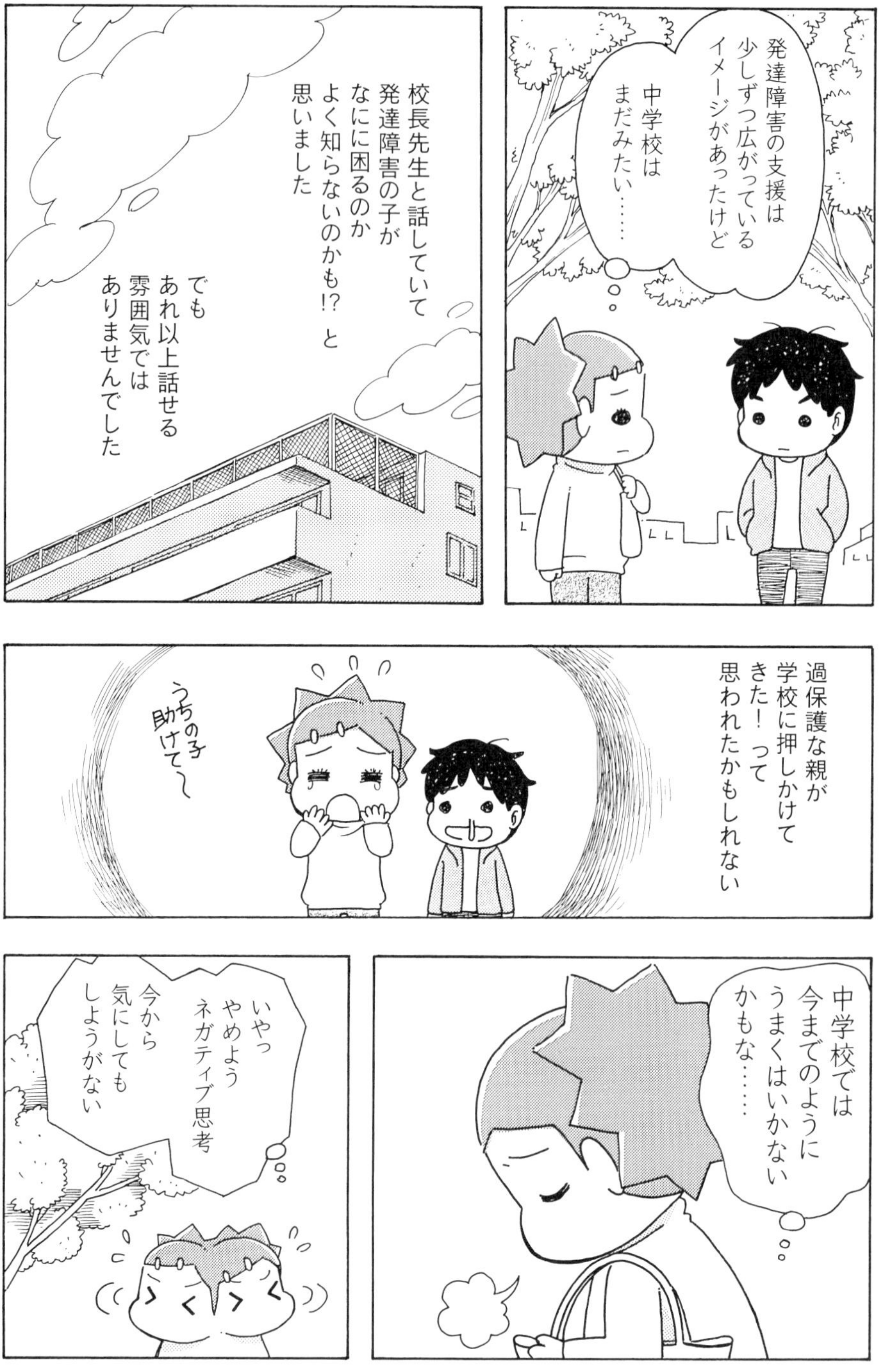

発達障害の支援は
少しずつ広がっている
イメージがあったけど
中学校は
まだみたい……
校長先生と話していて
発達障害の子が
なにに困るのか
よく知らないのかも!? と
思いました
でも
あれ以上話せる
雰囲気では
ありませんでした
過保護な親が
学校に押しかけて
きた！ って
思われたかもしれない
うちの子
助けて〜
中学校では
今までのように
うまくはいかない
かもな……
いやっ
やめよう
ネガティブ思考
今から
気にしても
しようがない

リュウ太を信じて私がサポートしていくしかない!!
学校の教育方針に不安を抱えての入学だったのですが
LLL市立LL中学校
入学式
1年2組 担任 松居（学年主任）
年1組
あら！リュウ太のクラスの先生って
学年主任のあの先生だ！
松居です
中学校生活は
とりあえず順調そうです
今日さー松居先生がさー
すっげー面白い話をしてくれてさー

去年の松居先生のクラスにいたすごい天然の生徒が笑える伝説作ったんだってー
ふむふむ
リュウ太は松居先生の話好きだね～
あー先生なのに堅苦しくないからかな～？
元ヤンぽいんだよね
ちょっとヤンチャなニオイのする松居先生
生徒が問題を起こしたときにすぐに熱血指導をしてくれるのです
リュウ太も熱血指導を受ける常習者です
おまえなー
すんませーん
だけど怒った後は楽しい話題で声をかけてくれたり
いいことをしたときにほめてくれたりする先生でした
よくやった!!
ちーっす

校長先生は「特別扱いはしない」って言ってたけど
んでね
んでねー
松居先生はなんだかんだリュウ太に目をかけてくれてるような気がする
入学前に相談に行ってよかったかもしれない
勉強や提出物のことなどできないことはたくさんあって変わりありませんが
いってらっしゃい
毎日学校に通えているだけでもよしとしとこっ!
ウス!

# 5 その衝動 なんとかしたい

中学生になった
ある日のこと
おお
コレだ〜
ヒラメキ〜
思い立ったら
すぐやらずには
いられない
衝動性があるリュウ太は

目標があると
まっすぐ突き進む
パワーに満ちていて
素晴らしいのですが
ギンッ
ADHDの特性で
周りが困ることが
あります

深夜0時
ガタガタッ
RYUTA
ゴトン
ガタガタ

ちょっとリュウ太 うるさいんだけど 何時だと 思ってんのよ やめて！
あーっ 片づけだよ
ガタ
ガタ
ガタ
ガタ
昼間にしてよ 夜は近所迷惑 じゃない
片づけしろって 言ったのは そっちだろ
たしかに 前日に 言いました……
部屋が汚すぎ！ 掃除しなさいっ
やだよ めんどくせー オレは汚いほうが 落ち着くし
イラッ
だからって 今やらなくても いーでしょっ！
就寝前に騒がしいし ホコリ立てないで!!

いいだろっ
今やりたく
なっちゃったんだよ
模様替えも
したいの！
でも
夜はダメなのっ
常識でしょーよ
理由が
身勝手すぎて
ついキレる
は？
常識!?　知らねー
そんなもの
押しつけんなっ
寝る前に
部屋に散らかった
ミニカーを見た
リュウ太は
うん！さすがに
汚いな
どうせ
片づけるなら
キレイに並べる
スペースを作ろう
こう思うと
やらずには
いられなくなったと
言うのです
イメージ
普段からガサツで
物音を立てないよう
気を使うことも
できないので
とにかく
うるさい!!
バサ
バサッ
ドサッ
ゴゴゴゴ
バタン

もう やめて 寝なさい
やだよっ
ドカッ
こっち来るな 出てけよっ
物に 当たらないの！
ギロッ
うるせー んだよっ
なんなんだよ 掃除しろって 言ったり
するなって 言ったりよー 分かんねーよ
あ～もうっ
ドカッ
気分よく 始めたところを 止められてしまったときは 荒れまくって 私にモンクを 言い続けるのです

やりたいことを
途中でやめなければ
ならないのは
とてもツライことだけど
くそ〜盛り上がってんのに
周りのことを
考えられるように
なってほしい
ある冬の夜は
徹夜で
音楽を聴くと
言いだして
大音量!
ドンドン
ズンズン
うるさいっつっ!!
静かに——
ギュギュ〜ン
ジャンッ
ジャンッ
母の声
聞こえていない
ジャンジャカジャ
RYUTA
夜はダメ!!
近所迷惑でしょう!
昼も迷惑だけど
オレは
大きい音で
聴きたいんだよ
うるせーなー
じゃあ
どうすりゃいいわけ!?

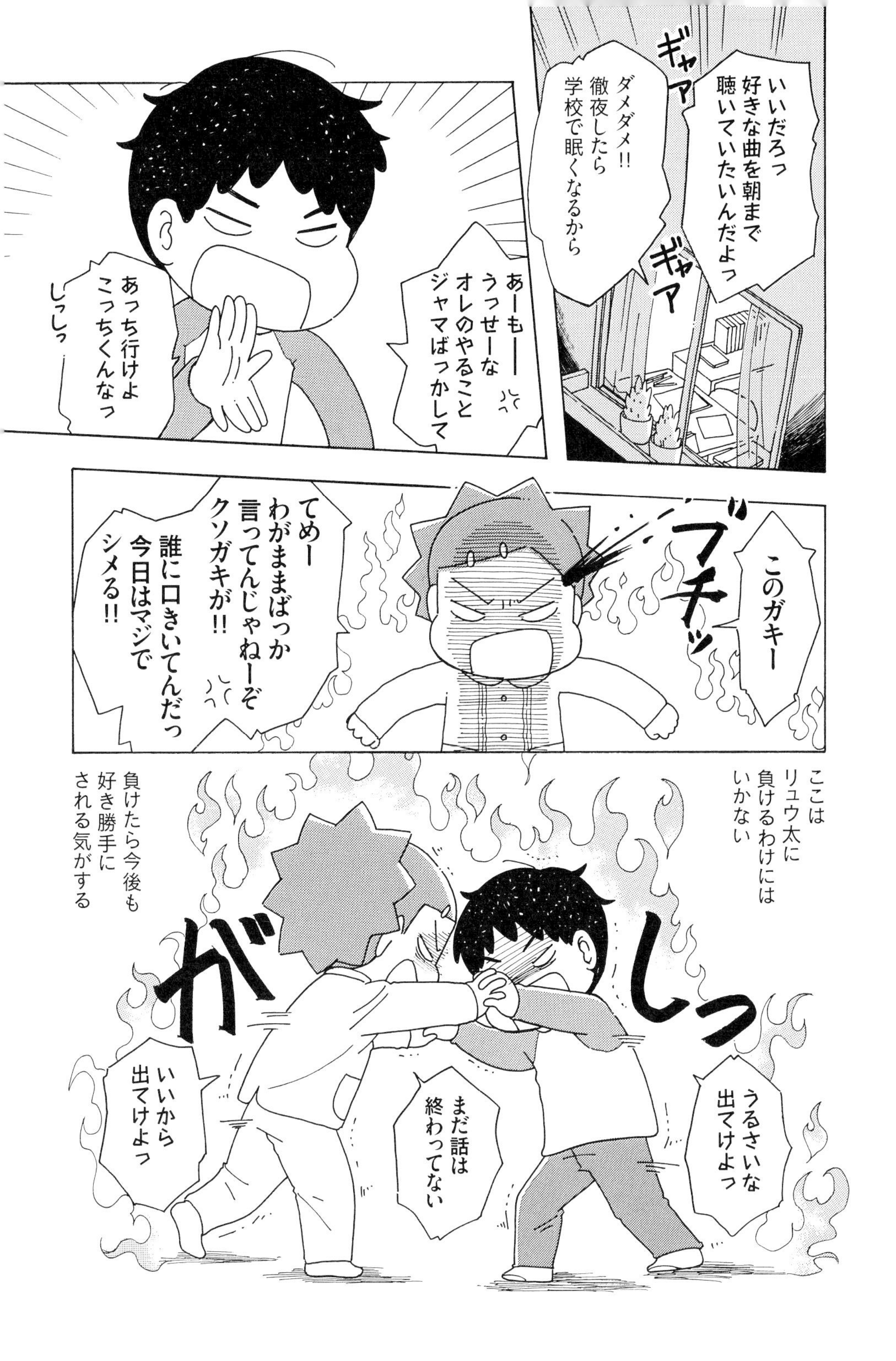
ギャア
いいだろっ 好きな曲を朝まで聴いていたいんだよっ
ギャア
ダメダメ!! 徹夜したら学校で眠くなるから
あーもーー うっせーな オレのやることジャマばっかしてて
あっち行けよ こっちくんなっ
しっしっ
このガキー
ブチッ
てめー わがままばっか言ってんじゃねーぞ クソガキが!!
誰に口きいてんだっ 今日はマジでシメる!!
ここはリュウ太に負けるわけにはいかない
負けたら今後も好き勝手にされる気がする
がしっ
うるさいな 出てけよっ
まだ話は終わってない
いいから出てけよっ

どうしてそんなに自分勝手なの!!
ぎり ぎり
オレの好きにさせろっ いちいち干渉してくんなっ
なぜこの子はこんなに強く逆らうんだろう
一度こうと決めると引き下がらないし
怒られてもいいから我を通そうとするのはなぜなんだろう?
やりたいことやるのが悪いのかよっ
小さな頃から自分の主張が通るまでしつこく言い張り続ける子だった
育てにくい子だと思ってたけど
この子の身勝手なルールで振り回されてきた気がする
もうヤダ こんな子にはつき合いきれない

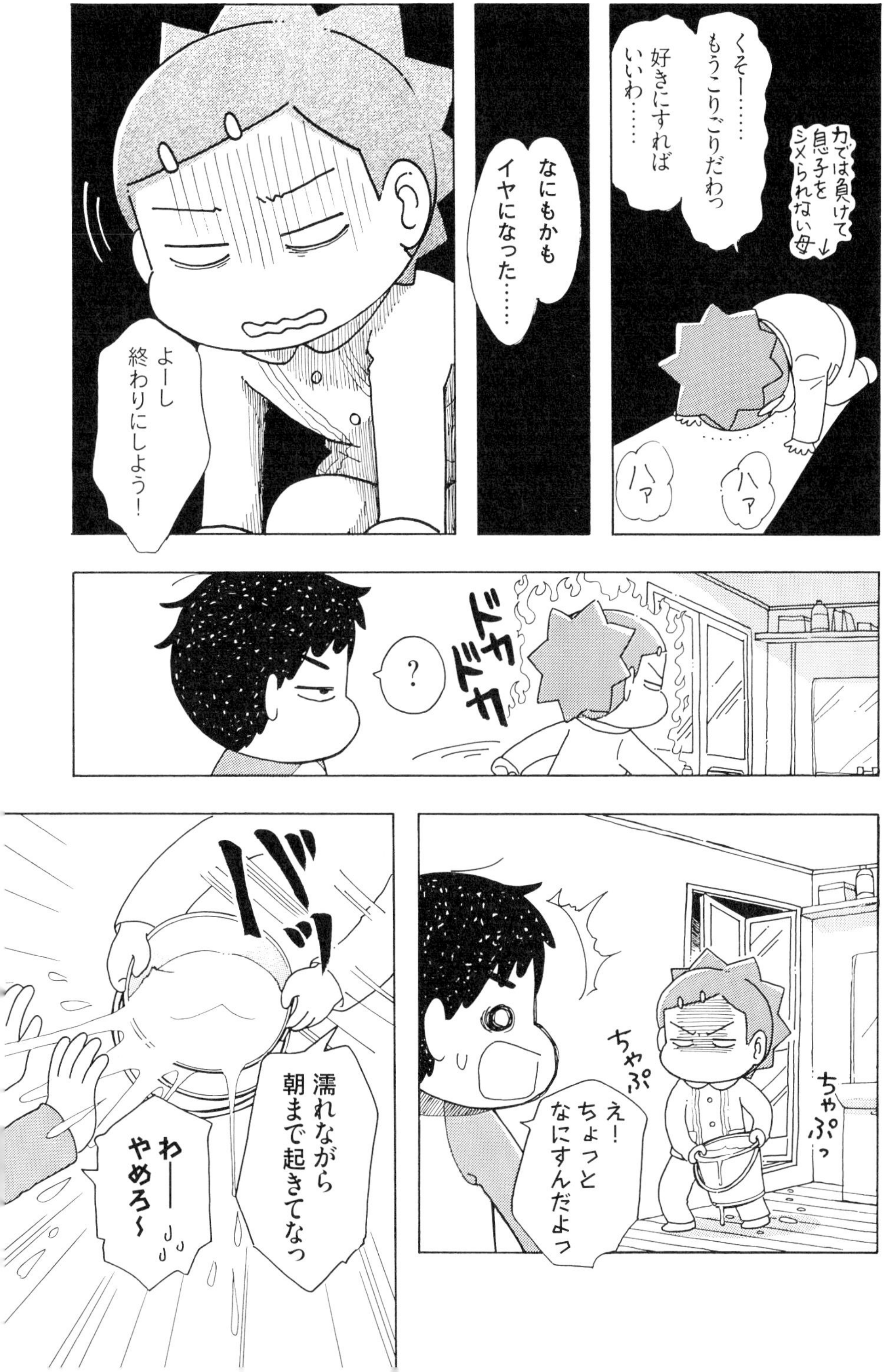
力では負けて息子をシメられない母↓
くそー……もうこりごりだわっ
好きにすればいいわ……
ハァ
ハァ
なにもかもイヤになった……
よーし終わりにしよう!
ドカドカ
?
ちゃぷっ
ちゃぷ
え! ちょっとなにすんだよっ
濡れながら朝まで起きてなっ
わ―― やめろ~

愛するわが子でも怒りが頂点にくると憎しみが生まれ
苦しませてやりたいという毒親の私が現れます
ばしゃあ
ガタ
ガタ
さ…寒い〜
なにしてんだよ〜 あースマホが
ガタ
ガタ
ブツブツ
うるさい そんなもの どーでもいいわっ 全てどーでもいいんだよっ お前のこともどーでもいい 出てけっ
ガタ
ガタ
ブツブツ
ご…ごめん もう寝るよ
いいよ起きてろ お前の布団は捨てっから このまま風邪ひいて死んじまえっ
わ〜 ごめん寝るよ〜
私が本気でキレた姿を見せるとリュウ太は逆に冷静になるのでした

## 失礼すぎる親子

……
同じ空間にいても
しゃべらない時期
……
唯一の会話はコレ
ちょっと
見てみー
ぶひゃひゃひゃひゃ
ひゃーっはっはー
ウケるわー
よく見つけた
お前天才
政治家の
面白コラ画像
（失礼すぎる親子）
今のを上回る
オモロイ画像を
見つけるぞ
張り合ってます
オレも
PC

## リュウ太の弱点

濡れた
ビニールや
バスマットの音が
生理的に
大キライな息子
キュッ
キュッ
ワーワー
長丁場の
親子ゲンカで
疲れたときには
もういいっ
うるさい!!
バスマット
鳴らしてやる
えーー
ごめんなさい
それだけは
やめて
はなせー
弱っ!!

## 6 ケンカを減らしたい！

ドロドロの
親子ゲンカを
くり広げるなか
とても気になってます
うーむ
最近 イライラ
してるけど
学校ではうまく
やれてるのかな？
バーーン
ただいまー
ガチで
腹立つわー
ど〜したのよ
クラスのヤツに
オレのしゃべりが
速すぎるって
モンク言われた
全然
できてなかった
ベラベラ
ベラベラ
説明してやってんのに
なに言ってっか
分かんねーって
てめーの耳が
悪いんじゃねーのかー!?
って言ってやったよ
話が聞き取れねーのは
てめーの能力が足りない
からだろっ
オレのせいにするんじゃ
ねーよ このタコッ!!

いやいやいやいや充分早口だよ
その言い方だとモンク言われるよ
ベラ
ベラ
は？なに言ってんのこのしゃべりはオレにとっては普通なんだけど
分かんねーって言うからもう一回話してやってんのにまたモンク言うからも～マジキレたね!!
耳の能力上げてからこいよ！ってのはっウザイわ
攻撃してくるヤツには倍にして返すことにしてるんで
ズバーン
うるせーゴミより利用価値のないスペースデブリはだまってろ!!
——って言ってやった
コイツすげームカツクさすが人を怒らせる天才!!
それはヒドイよかわいそうだよ
その後「言いすぎだー！」って先生に怒られたけどね

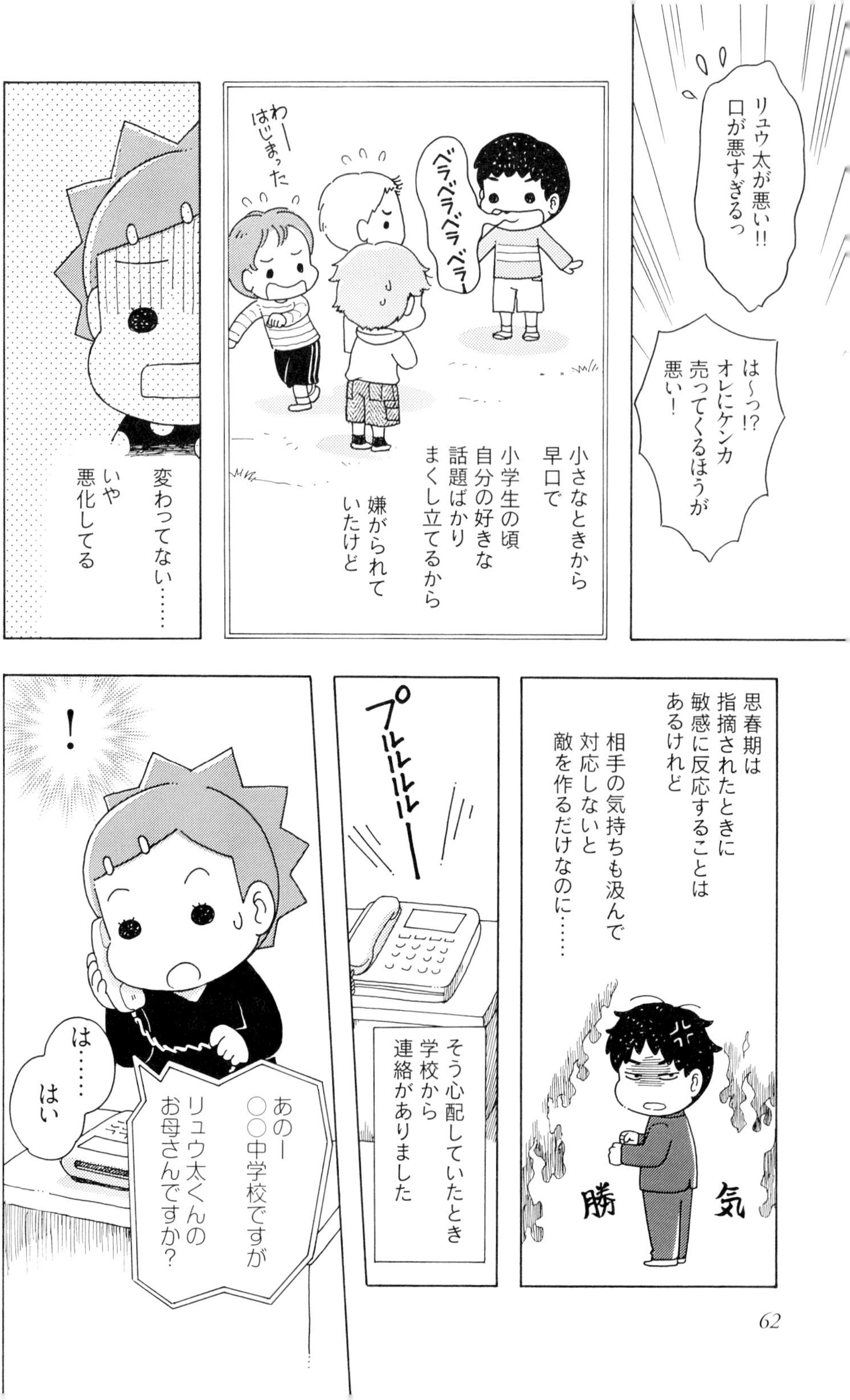
リュウ太が悪い!!
口が悪すぎるっ
は～っ!? オレにケンカ売ってくるほうが悪い！
小さなときから早口で
小学生の頃自分の好きな話題ばかりまくし立てるから
嫌がられていたけど
ベラベラベラベラー
わー はじまった
変わってない……
いや 悪化してる
思春期は指摘されたときに敏感に反応することはあるけれど
相手の気持ちも汲んで対応しないと敵を作るだけなのに……
勝気
プルルルルー
そう心配していたとき学校から連絡がありました
!
あのー ○○中学校ですが リュウ太くんのお母さんですか?
は…… はい

リュウ太くんと
隣のクラスの子が
殴り合いのケンカを
しまして
ドキー
またか!!
リュウ太くんの
制服が大きく
破れてしまったんです
ん!?
二人とも
ケガはないのですが
私の指導が至らず
本当にすみません
あ
いえいえ
相手の子に
ケガがないのなら
いいんです
ご迷惑かけて
すみません
ビックリした
ドキドキドキドキ
ドキドキドキ
今完全に
リュウ太が
誰かをケガさせた
連絡だと思った
あらやだ
じっとり脂汗
チン
誰にも
ケガがないなら
制服の1枚や2枚
破れたって
へーきへーき

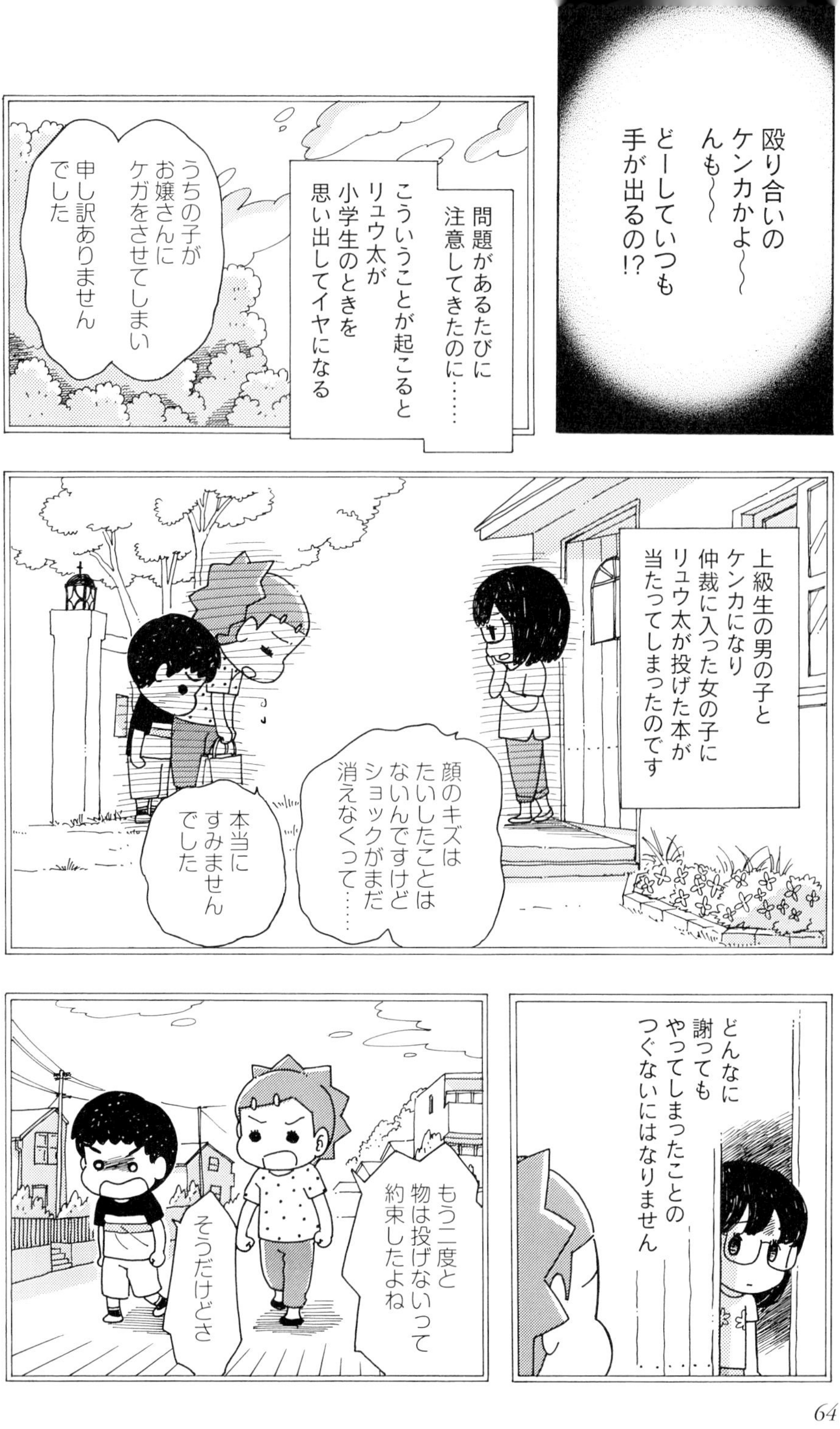
殴り合いのケンカかよ〜〜んも〜〜どーしていつも手が出るの!?
問題があるたびに注意してきたのに……
こういうことが起こるとリュウ太が小学生のときを思い出してイヤになる
うちの子がお嬢さんにケガをさせてしまい申し訳ありませんでした
上級生の男の子とケンカになり仲裁に入った女の子にリュウ太が投げた本が当たってしまったのです
顔のキズはたいしたことはないんですけどショックがまだ消えなくって……
本当にすみませんでした
どんなに謝ってもやってしまったことのつぐないにはなりません
もう二度と物は投げないって約束したよね
そうだけどさ

こんなことが何回かありました
オレだけが悪いわけじゃないのにー
ケガをさせたのはあんたでしょっ
そのたびに親子で謝りに行き情けない気持ちでいっぱいでした
中学ではもうやめてほしいって祈ってたのにな……
あの負けん気を変えていかないと争いは減っていかないような気がする……
その頃発達障害がある当事者が開いている「コミュニケーションの勉強会」があると知って
「なにか学べるかも!」と参加してみました

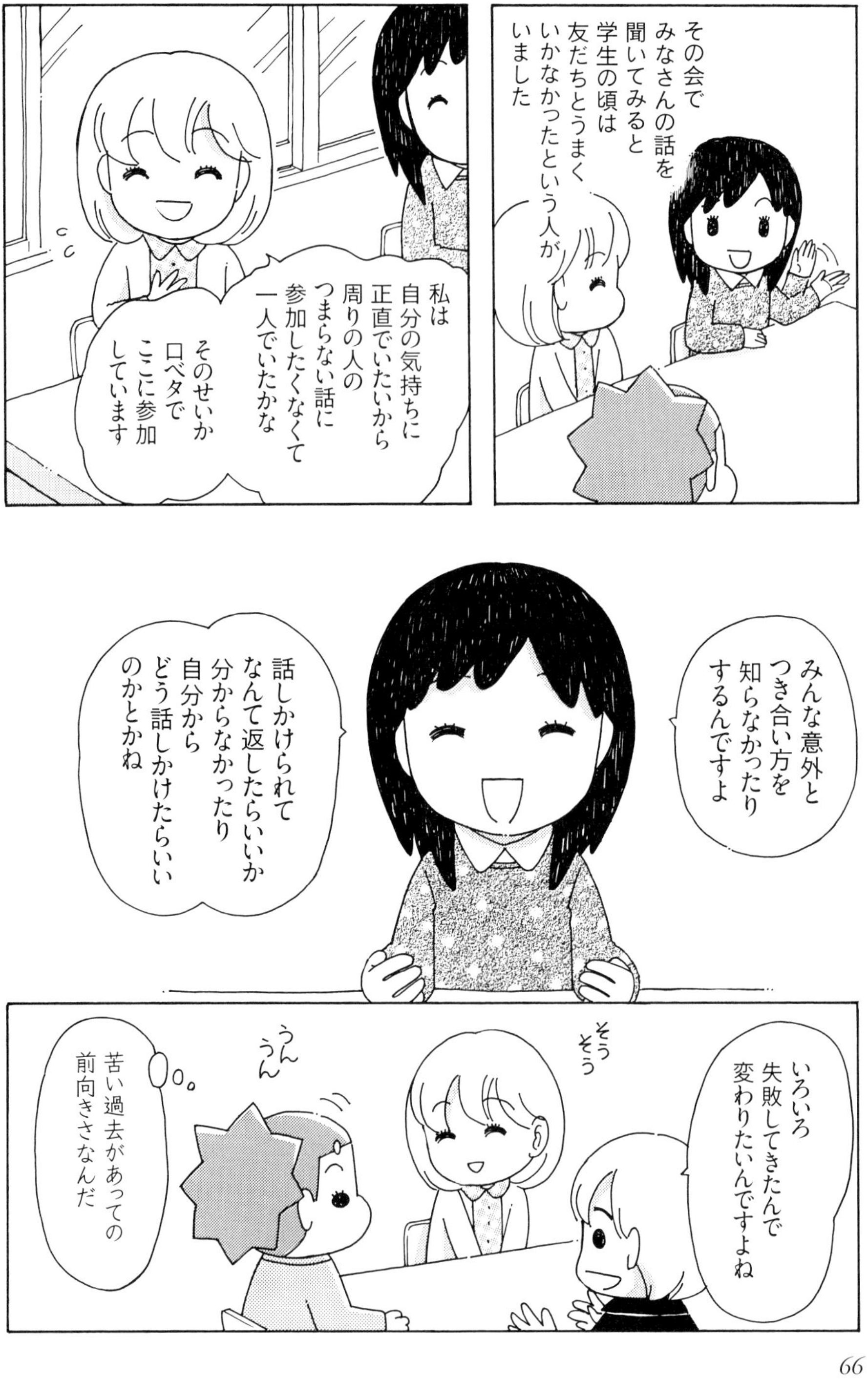
その会で
みなさんの話を
聞いてみると
学生の頃は
友だちとうまく
いかなかったという人が
いました
私は
自分の気持ちに
正直でいたいから
周りの人の
つまらない話に
参加したくなくて
一人でいたかな
そのせいか
口ベタで
ここに参加
しています
みんな意外と
つき合い方を
知らなかったり
するんですよ
話しかけられて
なんて返したらいいか
分からなかったり
自分から
どう話しかけたらいい
のかとかね
いろいろ
失敗してきたんで
変わりたいんですよね
そう
そう
うん
うん
苦い過去があっての
前向きさなんだ

勉強会でコミュニケーションのマナーのあれこれを教えてもらいました
なかでも「興味のない話題にチャレンジしてみる」という雑談マナーは会話をしながら覚えられて面白かった！
帰り道
リュウ太のためになると思って参加したけど
私は上手なコミュニケーションの方法をイマイチ分かってなかった
今日の勉強会は私のためにもなったな
リュウ太に一生懸命にアドバイスしてたつもりだったけど
私の伝え方はただガミガミ言っててダメだったかも
親子関係が悪いと伝わっていかないよね……

今日教えてもらったことを応用していこーっと
息子が変わる前に私が変わらなきゃいけないことに気がついたのでした
それからは
ちょっと聞いてくれるー
今日さー文化祭の出し物で流す曲をさーオレたち係で決めてたらさー
ふむふむ
息子の話に感情を入れずただ聞くことにしました!
ボカロがいいテクノ感が合うって!
ゲーム音楽のほうがみんな知ってていいって!
ならゲームよりアイドルの曲だろ
そこはアニソンしかねーな
音楽の好みの違いでもめたらしい

リュウ太の言うようにゲームの曲はみんなに分かりやすくてイイよね！
否定しないで一回持ち上げて
押しつけない程度の軽いアドバイスをしてみました
自分の好きな曲分かってほしい！と思うよね
他の子のおススメの曲リュウ太も一度聴いてみたら？いい曲かもよ
は～？ ムリ!! どんな曲があるか知らねーし興味ねーよ
あはは だよねー
ま！一曲だけおススメを教えてもらえば？
え――― ダリーよ
しばらくしたら友だちのおススメの曲にしっかりハマっていました
こうやって一つずつ周りの人とうまくやっていってほしいと思う母でした
コレは大きな成長だわ！

## 7 息子の忘れ物対策

問題集が見つかんねーよ
クッソー
新しい中学 保健体育
社会 公民
つたく どこへいったんだよっ やっべー
あーもう！ムカつくなー
朝からうるさいな！
しょーがねーだろっ さがし物してんだからっ
イラッ
今日提出日なのに
オレ死ぬー マジで死ぬー

やってるよ
超パニック
一つ一つ物をどかして確認しなさい
意外なところに隠れてることもあるからね
落ち着いて
たまらず口と手を出してしまうと
もういいよっ
どーせ出てこねーよ
さらにキレる
落ち着いてさがせば見つかるよ
ドカ
ドカ
もういいっ そんな時間ないしっ
それにオレさがすの下手だからムダ!!
じゃっ
さわらないでほっといて
なによその言い方助けてあげてるつつーのに

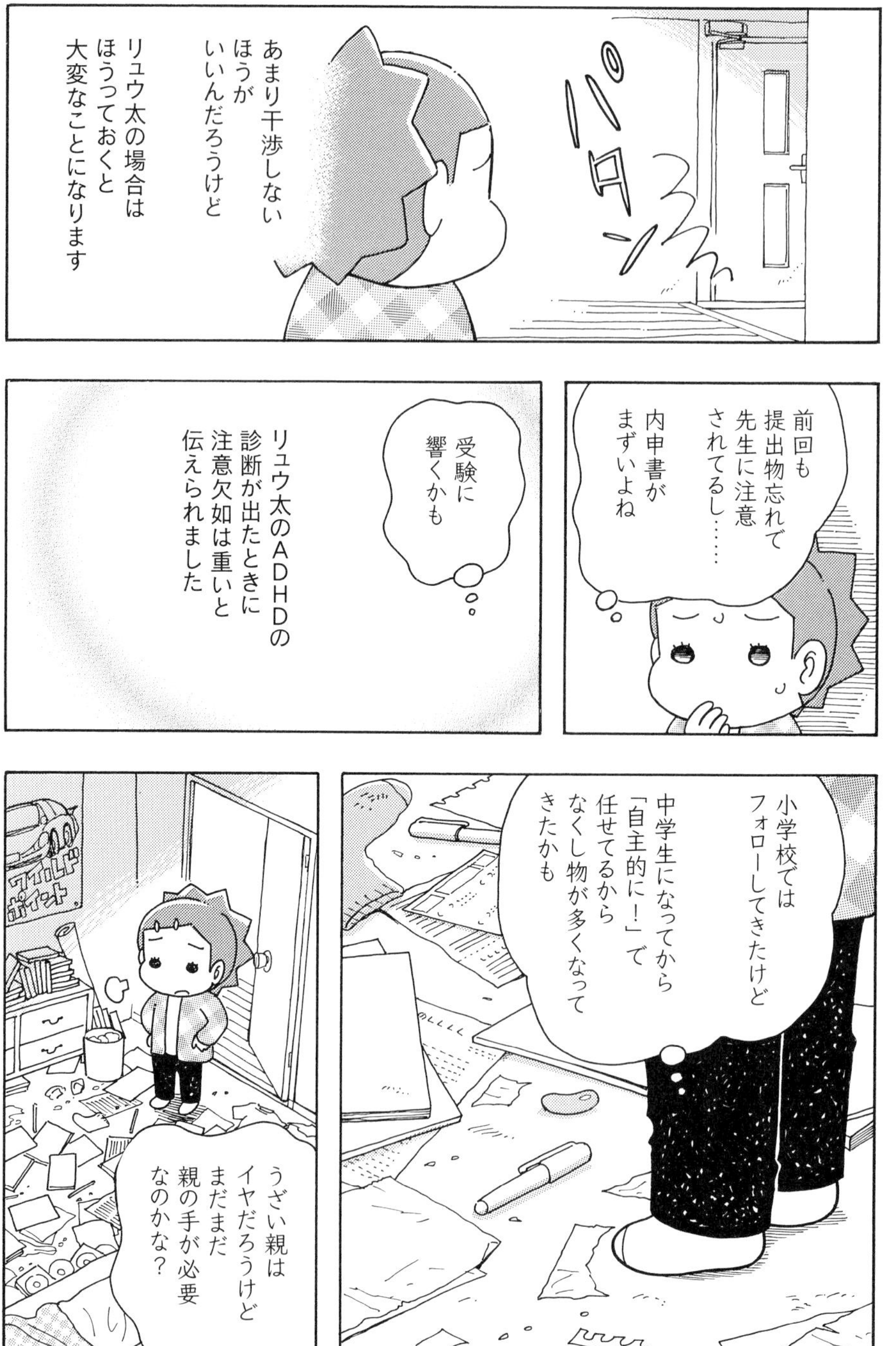
パタン
あまり干渉しない
ほうが
いいんだろうけど
リュウ太の場合は
ほうっておくと
大変なことになります
前回も
提出物忘れて
先生に注意
されてるし……
内申書が
まずいよね
受験に
響くかも
リュウ太のADHDの
診断が出たときに
注意欠如は重いと
伝えられました
小学校では
フォローしてきたけど
中学生になってから
「自主的に！」で
任せてるから
なくし物が多くなって
きたかも
うざい親は
イヤだろうけど
まだまだ
親の手が必要
なのかな？

なんでも自力でできるように突き放していきたいのに
そうもいかないことに私もイライラしていました
せめて置く場所を決めるくらいはしてほしいな
部屋の汚さにぶるってくるわ〜
そんなある朝
行ってくる
え！ちょっとなにそのカバン
ぱっつんぱっつん
でぶ〜ん
ずしっ
ああ教科書とか問題集とか全部入れた

いやいやいやいや 重すぎでしょ! 持つのツラくない?
そんなブタカバン 見たことねー
肩やべーけど いいんだよ 毎日時間割りを そろえるの できないから
まとめて持てば 忘れ物しないし 忘れ物する恐怖が 減っていい
へー
The best
ひょいっ
オレはね 分かったの! 物を置く瞬間を 覚えてられなくて なくすんだって
だから それだったら 重くても一つに まとめて持つほうが マシ!!

それに二つ以上の物を持ってると
絶対になくすのも分かってるから
ある
アレ？なにか持ってたよな
荷物は一つにする！
へ～
なるほどね！リュウ太にはその方法が合ってるならそれもいいのかもね
忘れることを怖いと思ってたんだ！
そりゃーね
物をなくすとすげー怒られてきたからトラウマだよ
赤白帽子いくつなくせば気がすむのっ
見つかるまでさがしなさい!!
ガミガミ
ガミガミ
私のせいか！

自分でも
なんで物を
なくすのか
分からなくて
落ち込むわけ
分かるね？・
分からない
ごめん……
言いすぎてたね
あっそ
お母さんも
ほら
リュウ太の
ADHDとか
分かってなかった
頃だし
苦しい言い訳
もーいーよ
行ってくる
息子にプレッシャーを
与えていたことは
胸が痛いですが
自分の弱点に
気がついて
改善したいと
考えていたと分かって
うれしい！
少しだけ
成長を感じたのでした

# ⑧ 先生 ありがとうございます！

やんのかコラッ
んだよっ しつけーんだよ オレに話しかけてくんじゃねー

日頃から思ったことをすぐ口にするので敵を作りやすく
中学になっても同級生とケンカが絶えません

テニス部に所属していたものの真面目に練習に参加せずにいたら部員に注意され
おめーに言われたくねーんだよ
だまれ 消えろ！
売り言葉に買い言葉でモンクを返す始末

じーー
あっ!!
松居先生
ん!? なんでやめるんだ 続けろ
男同士のタイマンはやってよしだ!
え!?
ケンカいいの!? すっげー 怒られるかと思った
ただし!
ホッ
ビシッ
そのケンカが2対1とかのいじめに発展したらただじゃおかねー
いいなっ
はっ はい……

ボロッ
——というわけで
松居先生に
怒られはしなかったけど
ラケット壊れた
やだっ
まさか
ラケットで
相手の子を……
頭にきて
地面をたたいた
だけだよ
親が学校に
呼び出されるような
ことにならずにすんで
まずは
よしとしよう！
頭にきたけど
人に当たらず物に
怒りを逃がしたん
だろうしね
タイマンじゃ
怒らないって
正直リュウ太には
ありがたいルールかも
私も
男同士のケンカは
仕方ないと思っていて
似たような子と
いつも争う
小学生のとき
リュウ太が勝つと
謝らなきゃいけない
ことがあって
納得できなかった
経験がありました
私の本音はこうでした
噛みついて
すいません
ガルルルッ
やられたら
やり返す
ケンカ売ってきたの
そっちなのに〜
うちを悪者に
しないで
弱い子は
うちの狂犬に
ケンカ売らないで〜

男は
売られたケンカを
買わずにはいられない
時期がある
だから
タイマンのケンカは
痛み分けと
理解してくれる先生で
よかった
中学の男子は
みんな同じような
もんですよ
ガンつけたって
だけで
始めちゃうんです

まあリュウ太は
数が多いけど

面接のときは
こうフォローして
もらったり

なにかと
大目に見てもらって
一年を楽しく
過ごすことが
できたのでした
そして
2年生になってからは
2-2
参観日
ばーん
はいコレが
戦国時代の
英雄
真田幸村と
伊達政宗

先生 その絵って「戦国乱武《ラブ》♡絵巻」のキャラクターだよね!?
・戦国の武将たち
・大坂の陣
担任 稲月先生
そう！イケメン武将のゲーム
あはははははは
キャー♡
キャー♡ 真田様だ
本当はこんなにかっこよくはなかったんだけど
このほうが楽しいでしょ
稲月先生の授業面白〜い
こういう形なら歴史が好きじゃない子も興味が持てるかも！
しら〜〜
……
いや リュウ太はダメか!? 授業態度最悪!!

リュウ太っ
先生が面白く工夫してくれてるのにぜんぜん聞いてなかったでしょっ
だって歴史つまんねーし女子がイケメン武将にキャーキャーうるさくて引いたね!!
RYUTA
くっっ
そお?今風の偉人の絵で学べてテンション上がると思うんだけどな
ムリ!!それでも歴史は好きになれねー
そんなに嫌わなくてもいいでしょ
昔の人から学ぶことって多いと思うよ
はー?過去のことなんてどーでもいいんだよっ
こう言っていたリュウ太ですが
軍艦が出てくるゲームが流行すると友だちと軍艦の話題になり
え!先生も「軍艦ちゃん」やってんの?
オレは駆逐艦がイイんだよな

じっ
第二次世界大戦の軍艦
うそっ リュウ太が 歴史の本を 見てる!! どうしちゃったのっ
軍艦のこと 載ってんだよ
お♡ イイ!!
学級文庫に あったから 借りてきた
日本って 第二次世界大戦中は 物資も予算も 不足してたんだ
嫌がっていた 歴史に やっと興味を 持ってくれたのね!!

たまたま
軍艦の本が
教室にあった
わけじゃない
はず
きっと先生が
ブームに合わせて
本を置いてくれたんだと
思います
軍艦の本が面白かった
からなのか
それからネットで
第二次世界大戦の
まとめ記事などを
見るようになりました
イタリア軍が
砂漠でパスタ
ぶはははっ
↑史実では
ありません
ドイツ軍と
イギリス軍の
クリスマス休戦の話
いいな〜
一時のブームで
あっても
歴史に触れる
きっかけを作ってくれた
先生に感謝なのです
その調子で
どんどん
調べておくれっ

# 9 わが家の金銭教育

ラーメン
乾物
ん!? お札が 減ってる!!
昨日の買い物で 使ったっけ?
ある時期から たびたび財布の お金が少なくなって いることがありました
それは丁度 リュウ太の 友だちづき合いが 盛んになってきた頃
それまでは 自分の趣味嗜好《しこう》を 押し通すつき合いを していたのに 変化が出てきて
今日オレんちで ギャングゲームやんね?
やる
友だちの趣味にも 合わせられる ようになり 仲を深めていきました

友だちの
おススメは
とりあえず
見たり聴いたり
することにしてる
あと遊びに
誘われたら
断らない
ことにしてる
そうだね
友だちづき合いは
大事だよね
以前
私が伝えた
アドバイス
ようやく効いてきたな
何年かかってんだか……
少しずつ
ケンカの回数が減って
友だちに合わせた
行動ができるように
なってくれることが
私は一番
うれしい!
どんな音楽
はやってんの?
ボカロ
すか
すか
……
そう喜んでいたときの
お金がなくなる疑惑……
う〜ん
こりゃ
盗《と》られてるな
でも
ハッキリとした
証拠がないし

疑ってはいても
リュウ太には
聞けないでいました
ある日の夜
あー
いい湯だった
ガラッ
あ!!
ほーら
やっぱりリュウ太だ
人のお金を
盗るんじゃないの!!
前から
盗ってたの
分かってるんだからねっ
ガミ
ガミ
あー!?
うっせーなー
オレだって
大人みてーに
金使いてーんだよっ

わー 謝らずに ふてぶてしい ストレートな 気持ち ぶつけてきた――
ガーン
ワー ワー ワー
だいたいさ うちは小遣いが 少なすぎんだよっ 3000円じゃ なんもできねーよ
みんな もっと親に 金もらってんだよっ 誘われたとき 金ねーから
みんなハンバーガー 食ってても オレだけジュース なんだよっ
友だちとのつき合いは 大事にしろって 言ったのは そっちだよね!
分かる!? オレ困ってんの!!
う!!
こういうとき 逆上させないように なんて説明するか とっても悩む!!
うーん…… 確かに おつき合いは 大切にしてほしいし
つき合いのなかで いいことも 悪いことも 経験してほしいと 思ってるよ

中学生の社交場が
ゲームセンターだったり
ファストフード店だったり
お金がかかるのも
分かるよ
だけど
人のお金は盗っちゃダメよ!!
じゃあどうすりゃいいわけ?明日みんなとでかける約束しちゃったしよっ
お金が必要なときは相談しなさい!
ビシッ
交際費は貸すから!
え……
貸すって?くれないの?
あげないよ子どもを甘やかすだけになるからね
なんだよソレ　オレが金　返せるわけねーだろ　バカじゃねー
すぐに返せとは言わないよ

高校生になって アルバイトを始めて 毎月少しずつ 返してくれればいいよ
高校生で 返済できなかったら 大学生や社会人に なってから返して
return money
返済が大変に ならない程度に 額を決めるから
アルバイトか～ 働くって 考えたこと なかったな
ぽかーん
後で返済すると 思ったら 簡単に使えなく なるから
お金を大事に すると思うよ
そーかな じゃあ この金 借りていいか?
うん ちゃんと ツケとくから
子どもに お金を貸すなんて 変なルールですが
その後 財布から お金がなくなることは ありませんでした

しかし……
みんなでファミレスに行くからお金貸して
じゃあ1000円でいい？
○○町にいらないゲーム売りに行くから電車賃くれ
500円な
友だちからマンガ本売ってもらったからお金払うんで1000円貸して
おいおいおい!!
貸すルールにしたからって借りすぎでしょう
は？後でちゃんと返すって
うわっこの子金にだらしないタイプだ
返済するのがツラくなるから月に5000円までとしまーす
え――
そ・れ・と！
いい機会だからこの本を読んでお勉強してもらおうかな
？

はいコレ
読んでおいて
そのマンガ
面白いの？
うん
とっても面白いよ
闇金ていう
超ブラックな
金融会社から
お金借りた人がね
お金返せなく
なったときに
どうなるか
勉強になるよ！
©真鍋昌平／小学館
〈闇金社会派ストーリー〉
もしリュウ太が
借りたお金を
返さなかったら
闇金業者みたく
私もトイチや
トゴにすっからな！
しっかり
読んで
おきなさい
トイチ？
トゴ？
わあああ
あー

そうか。
丑嶋さん……
村田久美子、来ましたよ。
クックック…
たっぷり搾り取ってやる!
闇金ってこわ〜
金借りた人の最後がヤバすぎる……こうはなりたくない
絶望的だ
死にてぇなら、
生命保険、加入してからにしろ。
返済がまだだぜ!
はうっ
はううっうっう
10日で1割の利息がトイチで10日で5割のことをトゴっていうのか!
こんな借金絶対返せねーよ
読み始めてすぐに
闇金にお金借りるのってコワイ!!
つーかお母さんもトイチやったらダメなんじゃん
ほほほほほ
知ったこっちゃねー私の金は私のルールでやる借りて返さない人が悪い!
とか言って
©真鍋昌平/小学館『闇金ウシジマくん』

リュウ太はちゃんと返せる子だって信じてっから!
ニコニコして言われるとコワイ……
ふふふふ
私のやり方はよくないと思いますが高校生になったらアルバイトを促すきっかけにする狙いもありました
早く働いて社会勉強をしてほしいという思いです
財布のヒモも緩めて少し自由にできるお金を貸すことで
それまでの醜い親子の争いが減っていったので
このバカー
ボカッ
って殴んなよっ
うちはこのやり方でいいと思いました
お金を使いたい年頃だもんね……欲求の解放が必要だったのかもな
働き始めたらお金のありがたみを分かってくれるよね

## フツーはそこを言わない

お金を盗られないよう
お風呂にも財布
シャワー
いつでもそばに財布を置いていたら
あのさー それだと盗れなくてホント困るんだけど
フツーはねそこは言わないんだよ!
へー

## うまくいかないことも多いよ

盗られたとすぐ分かるように残金メモを財布に入れて寝ます
0月△日 ¥5640-
うふふ
スキのない私
起きたときにこのメモと財布の金額が合わなかったら
リュウ太を問いつめてやる
ZZZ
すっ
だが毎日メモを確認するのを忘れ盗られてるか分からない!
ふー 今日もいろいろ買っちゃった

# 10 成績が大ピンチ！

提出物が全くできてません！このままではマズイよね！
うっ
中2の2学期の三者面談でリュウ太の内申書がヤバイと知りました
学期末試験の結果だけじゃなくて提出物も含めての総合評価だから
決められた提出物は必ず出さないと！
はい
提出するものをなくしちゃうもんで……
とくに2学期の学期末試験の数学2点は致命的です
!!

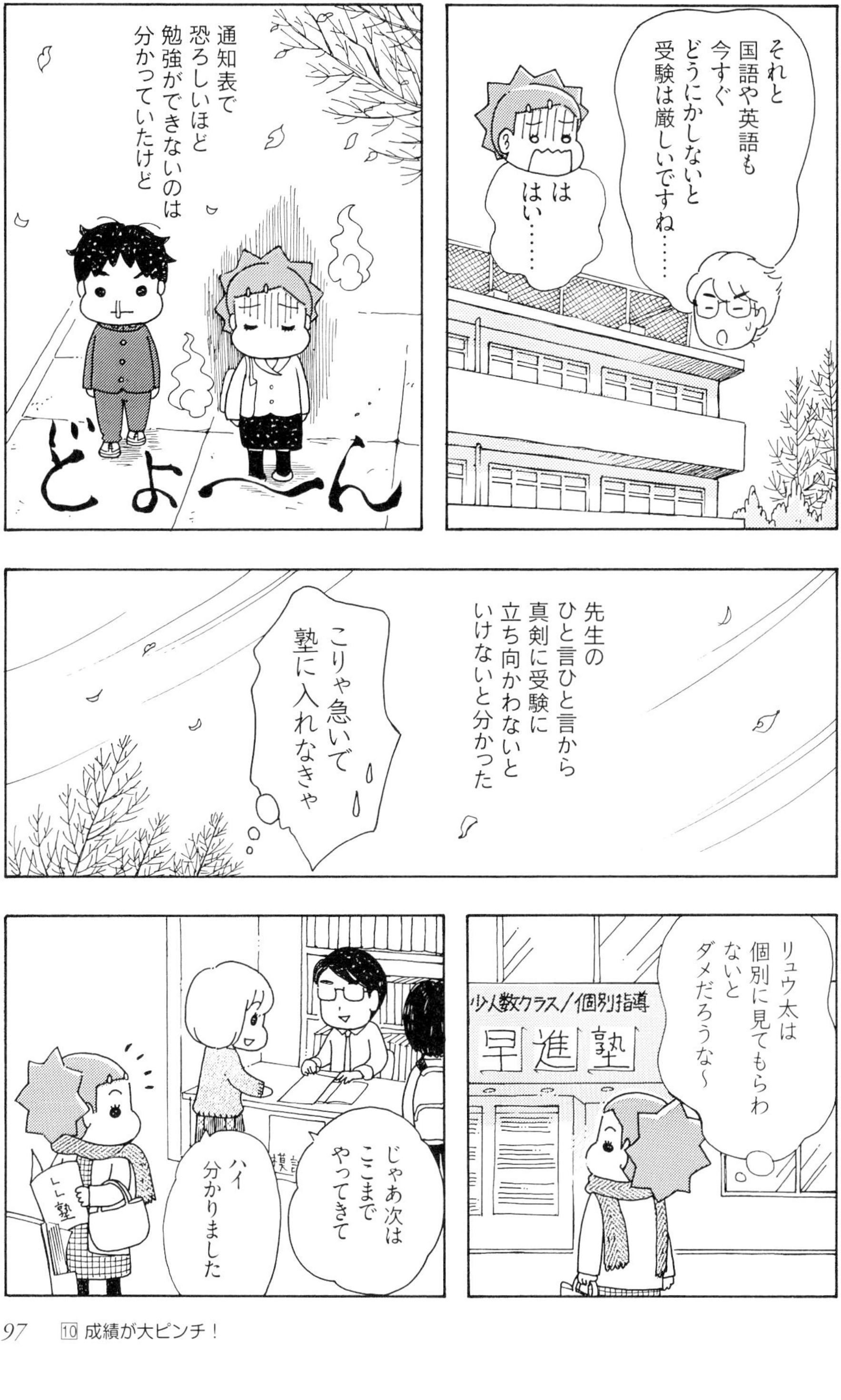

それと
国語や英語も
今すぐ
どうにかしないと
受験は厳しいですね……
はは
はい……
通知表で
恐ろしいほど
勉強ができないのは
分かっていたけど
どよ〜ん
先生の
ひと言ひと言から
真剣に受験に
立ち向かわないと
いけないと分かった
こりゃ急いで
塾に入れなきゃ
少人数クラス／個別指導
早進塾
リュウ太は
個別に見てもらわ
ないと
ダメだろうな〜
じゃあ次は
ここまで
やってきて
ハイ
分かりました

賢そうな子
問題集を見てあんなキラキラする子がいるなんて……
ま…まぶし〜〜
ここは違う気がする!! うちの子には敷居が高い!
もうガチガチのコンプレックスな母
どこもレベル高そうにしか見えないのよっ
早進塾
気に入らないことがあるとすぐに怒る気性が災いして小学生のときは塾に通いにくくなったことがありました
ゼミナール
ゼミナール
なので雰囲気の優しい教室がないものか探していて
ハイスクールW
高校生の子がいる先輩ママに話してみたら
ああそれならアルファ塾がおススメ
すぐそこの家なんだけどうちの子も去年まで見てもらってたのよ

え！ あそこ塾だったの!? 目立たないから気がつかなかった
アルファ塾
個人の小さな教室だからね
でも先生教え方うまいよ！
うちの子覚えが悪いし落ち着きのないタイプだけど丁寧に教えてもらって
おかげで行きたかった美術科の高校に入れた！
うんうん
その言葉に「そこしかない!!」とビビッときました
先生 紹介して！
アルファ塾の先生と面談することになりました
このリビングで小学5・6年生と中学生が一緒に勉強しています！
12月
あの〜
うちの子発達障害があって忘れ物が多いし落ち着きがないんですけど大丈夫でしょうか？

そういう子もたまにいますよ
テーブルは他の子と同席でも個別に指導してますから大丈夫です
でも本当は高校受験って5年生からスタートさせないとできないような問題ばかりなんですよね
え〜と
そこをもう一度教えるね
そうなんですか うわ〜 ゆっくりしすぎちゃったな
でも諦めないで来年度の受験に備えてできるところまで伸ばしましょう！
はい！ よろしくお願いします!!
ああ…… あったかい感じのお教室に巡り合えてよかったー!!
アルファ塾
「勉強しなさい」と言うとリュウ太がうざそうな顔をするからそれを見たくなくて甘くなってたけどマズかったわね……

こうして次の週から通い始めたのですが
かったり〜
ボヤかないがんばれー
とっぷり
こんなことや
塾の日なのに学校から帰ってこない
塾へ行ってすぐに帰宅
課題やるの忘れてて帰された
わざとじゃないから本当にうっかりだから
塾は課題をやり忘れたときはお休みするルール
こんなことがちょくちょくあって
私のイライラMAX!!
真剣にやりなさいよー あんたに合う塾は他にはないんだからねっ
みんな高校行くのにあんただけ行けなくなるよっ
はー そーですか そりゃよかったね

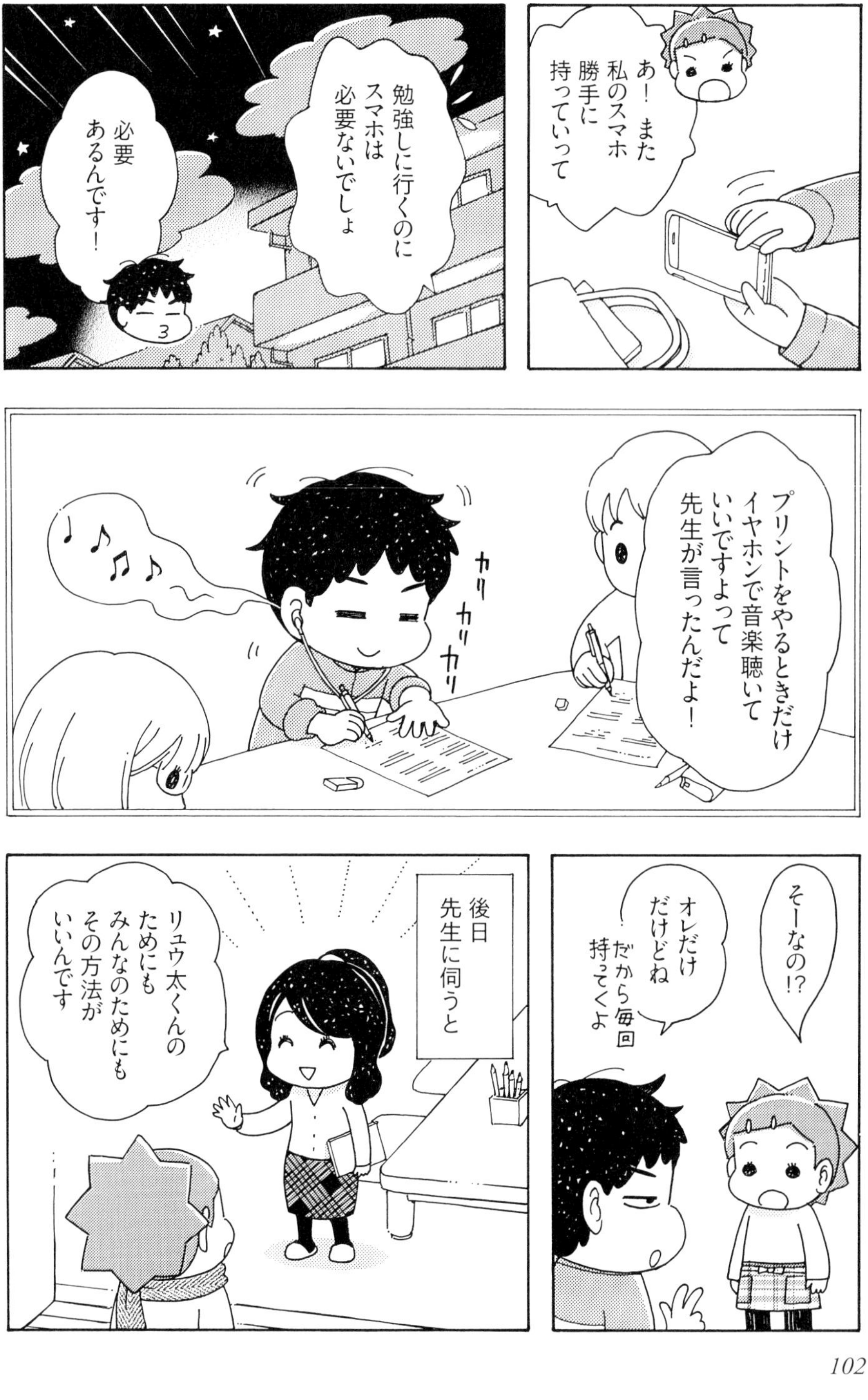
あ！また私のスマホ勝手に持っていって
勉強しに行くのにスマホは必要ないでしょ
必要あるんです！
プリントをやるときだけイヤホンで音楽聴いていいですよって先生が言ったんだよ！
カリ
カリ
カリ
そーなの!?
オレだけだけどね
だから毎回持ってくよ
後日先生に伺うと
リュウ太くんのためにもみんなのためにもその方法がいいんです

どうも
明るく家庭的な
教室のためか
雰囲気にのまれ
他の生徒と
先生の会話にも
割って入っていって
ついついおしゃべりに
発展してしまう
ベラ
ベラ
私が
リュウ太くんに
注意したときに
オレ
静かな場所って
苦手なんだ
シーンとしてると
緊張して
ソワソワしてきて
なにかしたくなるん
だよね
中2
連立方程式
名前
こう言ったので
緊張したり
しゃべったりせずに
勉強できる方法が
ないか
話し合ったんです
そうしたら
家でやるみたいに
好きな音楽を
聴ければ
集中できると
言うので
カリ
カリ
カリ
カリ
許可をしたら
集中するように
なりましたよ！
姿勢は悪い

ながら学習なんて多分これまで例がなかったはず
普通は受け入れてもらえないことなのに
アルファ塾
リュウ太を理解してもらえたと受け取ってもいいのかしら
ここなら続けられそう！
連立方程式なんか分かんねーよー クソがっ!!
うわあああ
リュウ太は課題にパニクるときもあるけど
それでも中3になると
あ！ できた
少しずつですがテストで点を取れるようになったのでした

# 11 そして進路選択へ

ミーン
ミーン
ミーン
中3の7月に高校の学校見学が始まるところもあり受験を意識する時期になりました
夏休み～
♫～
そろそろ うちも学校見学のことリュウ太と話し合わないとな～
7月
8月
以前地域にある発達障害の教育支援モデル校だった高校を取材したことがあり
ここは特別支援学校から来た先生がいるし細かく丁寧な指導があるしリュウ太にいいかもしれない
こう考えていたら

次の土日に
体験授業
申し込んだから
行ってくる
え！
どこの学校？
専門的に学びたい 夢を叶えたいなら
LLL 専修学校
はいコレ
ん!?
専修学校!?
自動車整備士を
目指す
工業科!?
その学校は
一般的な専門学校とは
異なり
高大一貫教育制で
高校の普通科の授業を
学びながら
専門の実技実習を
受け
高等課程在学中に
自動車整備士の
資格を取得することが
できるのです
高等課程
修了後に
就職してもOK！
高等課程
3年
専門課程
4年
好きなことを どっぷり学ぶ 7年間

小さいときから やりたいことは ドンドン進める 性格なので
コレだ!!
学校に置いてある 高校のチラシを見て 申し込んでいました
自分で進路を考えて 準備していくのは とても喜ばしい!!
だけど……
リュウ太に向いている 公立高校が 近くにあるから そこに通ってほしいと 思ってるんだよね～
は? そこ 普通科?
普通科は やだよっ やりたいことないし
行ったとしても つまんなかったら 途中でやめる 気がする
え―

とにかく体験授業は行くから
バタン
あっちょっと
リュウ太が普通科を嫌がるなんて思わなかった
まだ何も考えていないと思っていたのに
進路について考えていたなんて意外！
進路のことを夫に話すと
んん工業科!?ダメダメ
普通科をつまんないって言うんだよね
将来の選択肢を広げるためにも普通科じゃないとダメだ！
公立高校から4年制大学へ行ったほうがいいぞって言っといてくれよ
うん……
そりゃそう考えて塾にも通わせてるわけだけど
リュウ太が素直に言うことを聞いてくれるとは思えない

あの子があたり前のコースを行くことはないんじゃないかな
私はそんな気がしていたのです
だってあの子は小さいときから
みんなと違うのがいい
こういう子だったから
体験授業の日
説明会もかねているので私も行くことにしました
分かりにくいけどウキウキしている
まあ体験してみて「アレ? 思ってたのと違うな～」ってなるかもしれないしね
ガタン
ゴトン
そう考えていたら
ここが整備を習うドックです
わー いろいろな車種がある
目がキラキラしてきた!!

校内の施設を見て
ずっと興奮してるし
わー
ロードスターだ
マニアックな
つぶやきが
止まらない
アルテッツァだ
ひょおおー
実技の体験も
集中して
参加していたのを見て
ああ……
この子は
こういうことが
やりたいんだな〜って
伝わってきました
この学校を
目指したいという
気持ちは
本物じゃないかと
思いました
好奇心が強くて
落ち着きのない子
だったけれど
好きなことだけは
夢中になって
やり続けた
できた！
こういう子は
いつでも
手に届く目標に向かって
燃えていないと
つまらないのかもしれない

やりたいことを
やらせてあげたいな
だけど頑固なお父さんを説得しなくちゃな
難しいな～どうしよう
ゴトン
ガタン
夫をうまく説得できずにあっという間に願書提出の時期になってしまい
だから言っただろっ専修学校はダメだ!!
専門的に学びたいなら4年制の大学へ行って学べばいいんだ!!
そして修羅場
工業科に行って後で大学に行きたくなってもやり直すの大変なんだよっ分かってるのかっ
分かってないのはお父さんよ……リュウ太はそんなにできないってばっ
大学に行ってほしいのって父親の夢なのね……

ワァ
オレは同じ趣味の仲間と好きな話をいっぱいしたいんだよっ
授業も部活も面白そうだしやりたいんだよっ
あそこなら通い続けられるって思ったんだよ
ワァ
そんな仲間は普通科でも見つけられるだろ
自分が努力すればいいんだ!
いないよっ 今までだっていなかったし
車に詳しい人と会いたいんだよ
あの学校に行けないなら
高校は行かない
え〜ちょっと
……
じゃあ絶対に卒業までやめないって約束できるか?

途中でやめることは許さないからな！
そのときは家から出てって自分で人生をやり直せよっ
世の中甘くねーからないいなっ
分かったら好きにしろ
は……はい
アレはOKってこと？
？
？
あれがお父さんなりの心配の仕方なのよ分かってあげて
不器用なオッサンだから
よかったねお父さんを説得できて
うん
お母さんもあんたのやりたいこと応援するよ！
勉強も大事だけどいい仲間を見つけて楽しい学生生活をおくってほしいもの

体験授業のとき
話が合いそうなヤツ
何人かいたよ！
入学したら
会えるといいね
部活も
面白い部が
いくつもあって
どれにするか
迷うんだよね〜
あっでもね
先生が部活は
かけもちして
いいって言ってた
2年で行く
研修旅行も
すごい行きたかった
ところでさ
へ〜
そうだね……
部活を通して
いろいろな人と
繋がるのもいいね
新しい場所で
また一から
おつき合いを
学んでほしい
こうして
進路が決まり
先生に見守られながら
願書を完成させ
もう少し
キレイな字で
1月に
入試を受けたの
でした
リュウ太
合格通知が
届いたよ！

よかったねー
入学できるね!
ほっとする親子
後は入学金に
授業料と
親のふところ
事情だけね
通帳

高校受験は
将来を左右する
分岐点の一つ
大事なことだから
親も自分のことのように
悩んだり
落ち込んだり
してしまう……

自己中で
反抗的で
融通が
きかなくて
気性が荒くて
クセが強くて
逆ギレしてくる
万年
悪魔の2、3歳児の
ような
本当に手のかかる子!!
憎たらしくて
突き放してしまいたく
なる子!!

なのに
この子の未来が
心配になるのは
親だからで
しょうか
ナマイキで
腹立たしくても
豊かで楽しい人生を
おくってほしいと
願ってしまうんです
新しくできた友だちには早口でしゃべるんじゃないよっ
わかってるよっ
うっせーな
ハイハイ
いってくるから

## 春よ来い！

専修学校の体験授業が面白すぎて
夏季2回受けて
秋にもあるから参加する？
計3回受けた
整備車試乗！
どんだけ好きなの
これからの居場所のイメージができて入学前の情緒は安定しました
春休みヒマ早く学校行きてー
わくわく


## 戦いはまだまだ続きます

リュウ太の借金3万円か〜けっこういったな〜
高1になってすぐにバイトを始めると
はい今月分
どーもー
毎月6000円〜1万円を返済してもらって
中学時代の借金は順調に減っていったが
この自転車ほしいから買ってくれ！
後でちゃんと金返すからお願い!!
新たに借金!?
¥70000-

制服できた
ネクタイが……

Q&A
教えて田中先生

# 思春期をむかえたADHDの子どもたち
## ～彼らの内面を理解して関わるには～

田中康雄
こころとそだちのクリニック むすびめ 院長

マンガでは扱いきれなかった話題や、日頃の子育てで感じる疑問について、専門家の田中先生に答えていただきました（質問：かなしろにゃんこ。）

## Q

最近、ＡＤＨＤがよく話題になっていますが、まだ知らない方も多いと思います。改めてどんなものか、教えていただけませんか?

## A

### 最新の基準による ＡＤＨＤのとらえ方

ＡＤＨＤとは、多動性、衝動性、不注意を基本症状とする「注意欠如・多動症（Attention Deficit Hyperactivity Disorder）」の英語表記の頭文字をとったものです。この診断名は、２０１３年に改訂されたアメリカの診断基準ＤＳＭ－５において、神経発達症群のひとつ、つまり発達障害のひとつに位置づけられました。

　その診断は、年齢不相応な不注意、多動性、衝動性の有無とその程度から判断します。具体的には、次のような行動に着目しています（一例）。

・ちょろちょろと落ち着かず、ひとときもじっとしていない
・人の話を最後まで聞かない
・うわのそらで何かと忘れ物が多い
・約束や決まりごとを守れない
・待つことが苦手で、説明半分で手をつけ失敗する
・せっかちですぐにイライラする
・おしゃべりが止まらない

こうした症状が、２つ以上の生活場面で長期間認められる場合、医師の診察のもと判断されることになっています。

　２０１３年までの診断基準はＤＳＭ－Ⅳ－ＴＲでしたが、それがＤＳＭ－５へと改訂されたことで、①症状は12歳までに認められること（以前は7歳以前でした）、②17歳以上になると、基準を満たす必要な症状の数が少なくなったこと、そして③これまでは合併を認めなかった広汎性発達障害（ＤＳＭ－５では「自閉スペクトラム症」と名称が変更され

ました）との併存が認められたこと、という大きな変化がありました。

## Q 「思春期」は、子育てが難しくなる時期だと実感していますし、よくそう言われます。なぜそうなるのでしょうか？

## A 感情が大きく揺れ動いて、とても不安定な時期だから

思春期とは、いわば子ども時代に別れを告げ、今まさに大人への世界の扉をあけようとする瞬間です。子どもと大人の中間地点と考えてよいかと思います。この時代の年齢区分を明確に規定することは困難ですが、通常は身体的変化が明らかになる小学校高学年（12歳頃）から、高校卒業（18歳頃）くらいまでとする考え方が主流のようです。

思春期に見られる変化は、大きく分けて3つあると考えてよいと思います。

そのひとつは「体の変化」です。思春期には、性ホルモンによる性機能の著しい発達、すなわち「第二次性徴」が起こります。これにより、外面的な身体の変化が生じます。それは性器の変化、変声、体格の変化などで、いずれもこれまでに経験したことのないもので、子どもの心に大きな衝撃と戸惑いを生みます。同時に誇りと自負を抱くかもしれません。

2つめの変化は内面に生じます。具体的には突き上がる本能的な性衝動です。また、思春期の子どもは親との間で成立していた〝安全保障感（最終的には必ず守ってもらえるという感覚）〟を踏み台に、親からの精神的独立を目指そうとします。この心の成長は、一種の親との惜別、喪失体験といったものにもつながります。信頼と安全の基地である親から離れることで、子どもたちは心理的危機感と孤独を経験することになるわけです。

その孤独な子どもたちを支えるのは、同性

の仲間との親密な交流です。同性のみならず、子どもたちは異性へと交流を進展させます。そして仲間との精神的交流を支えに、思春期の子どもたちは社会へ主体的に参加していきます。こうした社会的立場の変化が3つめの変化となります。

つまり思春期とは、身体的変化、親子関係の変化、心理・社会的変化の3つの変化を受け入れ、自己に統合していくことが大きな課題となる時期なのです。

変化を受け入れることは、成長のために必要不可欠ですが、受け入れる過程でさまざまな「危機」が生じます。危機に陥ると人は考え、悩みます。この時期の子どもたちはどのようなことを考え、悩むのでしょう。

一般に、思春期の子どもたちは、「自分は何者か」といった自己評価や、「自分はどう見られているか」といった周囲からの評価に敏感になりがちです。さらに、他者からの助言や意見を個人攻撃と受け取りやすく、被害的になって落ち込んだり、「自分は周囲から

信用されていない」と自信をなくすことも少なくありません。そのため、外部からの情報などに影響を受けやすく、感情的に揺れ動きます。

この時期の子どもたちは、不安で自信がなく、ゆううつ感を抱いているかと思えば、非常に主観的、自己中心的で、きわめて断定的な決めつけをすることがあります。そうかと思うと、「なんでもできそうだ」といった万能感を抱きやすいなど、さまざまな顔を見せます。さらに、「今しかない」といった強い焦りを示したり、「もう手遅れだ」と早々に諦めてしまうこともあります。

そして、常に自分自身や周囲の大人、あるいは社会全体に対して、「受け入れたくない」といった強い反発心と、逆に「積極的に受け入れよう（あるいは仕方なく迎合する）」といった服従心の狭間に位置し、大きく揺れ続けています。だから、思春期は子育てが難しい時期、といわれるのでしょう。

問題は、時代の変化がさらに子育てを難しくしていることです。子どもたちに「十分に守ってもらった」という保護体験や、「夢や希望が持てる」といった万能体験を、親や大人たちが提供しにくくなっているのです。育児における周囲からの評価に、親はまるで思春期の子どものように過敏になり、自己責任を肥大させています。親もまた孤立しているのかもしれません。地域・社会はこうした危機的状況にある親子を、さらに追いつめてしまいがちです。理解とゆとりのある、柔らかな対応ができていないのです。

## Q ADHDのある子が思春期をむかえたとき、よく見られる特徴はありますか？

## A 一般的な思春期の特徴が鮮明に出がちです

ADHDに見られる多動性、不注意、待つ

ことができない衝動性は、小学校低学年では次のようなかたちで出ることが多いようです(一例)。

・授業中、先生の話に集中できず大きな声をあげる
・何度も席を離れてうろうろしてしまう
・授業で先生に指名される前に質問に答えてしまう
・ちょっとしたことでムキになったり、大きな声で怒鳴ったりしてしまう
・時に言葉よりも手のほうが早く出てしまい、相手を叩いてしまう

こういった行動のため、子どもが〝問題児〟扱いされるようになり、しばしば周囲から叱責の対象となります。

小学4年生頃になると、それまでの行動の積み重ねが原因で、周囲から無視されたり、直接名指しでからかわれたりしてしまい、次第に孤立し、学習に取り組めず、投げやりになっていくこともあります。

さらに中学後期から高校生になったADHDのある子どもたちは、先ほど述べた思春期心性から、大人と衝突しやすくなります。この時期になると多動性は影を潜めることが多くなり、衝動性、不注意が強く出るため、カッとしやすく、不満を相手にぶつけることが目立つようになります。基本にあるのは思春期心性からの言動ですが、それがとても鮮明に表出されるようです。

その一方で、学業不振から生活全般における意欲の低下が見られたり、無気力になることもあり、円満な友人関係が築けず孤立したり、大人に反抗するようなグループに所属して、さらなる叱責を受けてしまうこともあります。

以上をまとめると、自尊感情の低下や、抑うつ気分といった情緒的問題、あるいはかんしゃく、怒り、暴力といった思春期に本来よく見られる言動が、かなり目立つようになる――それが彼らの思春期だと思われます。

**Q** うちの子の小学校高学年からのイライラは、ＡＤＨＤの特性のせいなのでしょうか。それとも思春期特有のものなのでしょうか。他のＡＤＨＤの子もこうでしょうか？

## A イライラは自己表現！悪いことではありません

この時期、思うようにいかずにイライラしたり、落ち込んだり、怒りっぽくなったとしても、思春期の子どもたちの思いを想像すると、合点がいくと思います。

ただでさえ多くの叱責とマイナス評価にさらされやすい、ＡＤＨＤという特性をもって生きる子どもたちは、日々傷つき、落ち込んでいます。そう考えると、質問の「小学校高学年からのイライラ」は、その子が生きてきた日々のなかでようやく表出できた自己表現と理解してもよいかもしれません。

いずれにしても、この時期のイライラは、それを作り出した「思春期」と「ＡＤＨＤとともに生きてきた体験」の掛け算であり、〝どちらか〟という二者択一ではないと考えてよいのではないでしょうか。

なお、ＡＤＨＤという診断を受けた子の中にも、この時期、落ち込みと真逆の明るさで、まるでムードメーカーのような振る舞いをする子がいます。僕は時に、その子の笑顔に涙を見ます。道化師が泣きながら振る舞う姿を思い起こさせるのです。こうした振る舞いをすることで、自分がこれ以上傷つかないようにしていると思えたりします。

思春期は、子どもにとっては心痛む時期でもあります。

# Q

親はこういうイライラと、どうつき合えばいいのでしょうか？　厳しくするのにも、優しくするのにも、さじ加減に悩んでしまいます。「これだけは気をつけて」ということがあれば教えてください。

# A

## 大事なのは、共感と生きるための処世術の指南

僕は、こうした「イライラ」という振る舞いを選択した過程を大切にすべきと考えています。

ある子は、中学進学を境に、「もう我慢するのはやめた」と宣言して反抗という自己主張を選択しました。

ある子は、中学進学を機に、一切の抵抗をやめ、口を閉ざし、ひとりの世界を作ってその中に閉じ籠もりました。

ある子は、外界をシャットアウトするかのように、毎日大きなマスクをかけて登校し続けました。

またある子は、なれなれしく振る舞うことで、心の奥にある寂しさを必死に隠していました。

彼らに接するとき、僕は、彼らが思春期に至るまで、どのような痛みと支えを得て生きてきたかに思いを馳せます。すると、その言動に対して「そんな気持ちなんだね」という理解をもって近づきたいと思えるようになります。

そのうえで、「でも、ここでは、こう振る舞ってほしい」と社会的に受け入れられる言動を指し示すこともします。それは、〝今を上手に生きる処世術〟を指南することになります。容易にそんな誘惑に乗らないのも思春期である、と理解したうえで呈示しています。大人は、本当にずるいのです。

厳しくとか優しくというのは、物事を呈示するときに生まれる、親の思いです。でも、

彼らに物事を呈示するときは、思いはできるだけ控えるほうが届きやすいようです。

彼らは相手の思いにとても敏感です。敏感すぎるほどといってもよいでしょう。思春期は、五感が鋭い時期です。僕たちの言葉にのせた思いのほうが、音速よりも早い光速で彼らに届いてしまうと考えておくとよいと思います。光速で届く「思い」をまずキャッチして理解（曲解？）した彼らは、その思春期心性ゆえについ反発して、音速で遅れて届く「言葉」には耳を貸してくれなくなるようです。

**Q** お金のことに限らず、子どもに「していいこと／悪いこと」をひとつずつ何度も教えるのは大変です。正直、疲れてイヤになるのですが、私だけでしょうか？

**A** **親が疲れるのは、無理難題を要求している可能性が**

ほとんどの子どもは、いわゆる善悪の区別を理解しています。幼少時からいろいろ経験しているので、頭では分かっているものなのです。

でも思春期は、人とちょっと違うことをして、ちょっとかっこつけて、時には背伸びして自分を表現したい時期です。また、社会に対して挑戦的な行動を「かっこいい」と思ってしまう時期でもあるのです。同時に子どもたちは、心のどこかに「許してもらえるは

ず」という甘えも抱いています。

そして、とてもせっかちに、考える前に行動してしまう点にこそ、ＡＤＨＤの特性があります。このＡＤＨＤの衝動性・不注意という特性が思春期心性に掛け算されたら――、結果は予測がつくでしょう。彼らは待てません。思ったときには行動に移してしまいます。

だから、子どもを責める前に、むしろ「彼らが失敗してしまうような状況をついついセットしてしまった僕たちの問題」と反省して、修正案を呈示したほうが平和的に解決できる可能性が高いと思います。

僕たちはときどき、「もうお兄ちゃんなんだから」とか、「これくらいは頑張ってほしい」と、どこかで無理強《むりじ》いと承知しながらも、子どもに期待してしまうことがあります。ちょっとハードルを上げて、それができる姿を見たいという欲が生まれるときがあります。でも、本人にとっては、いい迷惑です。そして案の定、つまずいてしまいます。

そのつまずきから、子どもに「おまえ（＝親）のせいだ」とか「僕はダメな人間だ」と思わせてしまう前に、我々のほうで軌道修正を考えるべきです。「うまくいけばキミの手柄、失敗したら我々の作戦ミス」と僕は考えるようにしています。

子どもに対して僕たちが疲れているときは、どこか無理難題を要求し、その結果を残念に思っている可能性があります。子どもの将来に対し焦っているのかもしれません。

僕たちは、自分の思春期、子ども時代を振り返り、大きな損をしたように感じて後悔していることがあります。「せめてわが子には、目の前のこの子には、同じような損をさせずに、すこしでもよい方向に足を運ばせたい」と切望します。当時、自分ではできなかったことを、やらせたいのです。でも、自分にできなかったことは、わが子にも重荷である場合が少なくありません。

親である僕たちが、子どもにイライラしたり疲れたりしたときは、そっとひとりになって、ゆっくりと考えて、子どもに過剰な要求をしていないか振り返ることをお勧めします。

## Q

子どもにＡＤＨＤのことを伝える（＝告知する）べきなのでしょうか。私も伝えましたが、本来はどう伝えるのがいいのでしょうか？

## A

**いい面と、苦手な面を伝えるだけでもいい**

子ども時代にＡＤＨＤの診断を受けている場合は、僕は高校卒業あるいは大学入学前後をひとつの目安に、次は社会に出る少し前の時期に、診断名をどう説明するかを家族（おもに親）と相談します。

そのうえで、僕自身から子ども本人に、直接伝えます。これまでの関わりから、彼らの得手・不得手、誇れるところ、気をつけてほしい点、これまで関わってきて成長したなと思えることなど、小さいことでも丁寧に伝えたいと思っています。

そして、彼らの持つ力を使って、今とこれからをいかに生き抜いていくべきかを本人と相談します。具体的には学校生活の過ごし方や親との関わり、就労後の処世術などです。

これからを生きるための、〝自分の取扱説明書〟になるようなことを共有するわけです。そこには診断名が介在したり、まだ診断名は出さず、「キミの人柄はこうで……」というレベルでの説明だったりします。タイミングを大切にして、何回かに分けて説明することもあります。

思春期というナイーブな時期、ちょっとしたことでも傷つきやすい時期ですから、僕は診断名の説明は慎重に行いたいと思っています。診断名よりも「キミには、こういったいい面と、こうした苦手なところがある。ひょっとして、そのことが日々の生活を豊かにし

たり、ちょっとつらくしてしまっているのかもしれない」と説明します。彼らの思春期心性を鑑《かんが》み、できるだけ傷つかず自己理解に至るような説明を検討します。

　このように、説明はケースバイケースです。でも、医学的な診断名をきちんと説明するのは医師の仕事のひとつです。僕は「僕のほうで説明しますね」と、親御さんに伝えています。

## Q

このマンガで扱ったくらいの年代の子は、服薬やカウンセリングを嫌がることも多いと聞きます。本編では省きましたが、うちの子もそうでした。こうした治療を無理にでも受けさせるべきなのか、そうしなくてもいいのか、どう判断すればいいんでしょう?

## A

**無理強いせずに、「こういう方法があるよ」と告げて**

　思春期は、「自分だけ特別」という思いがある反面、周囲から「彼だけが異なっている」と思われることに過剰に反応します。同時に、大人にSOSを出すことや信頼を寄せることに、大きな拒否感を覚える場合も少なくありません。

　だから、治療するというよりも、役立つ相

談相手になることが、僕たちの最初の目標です。それでも警戒心と不信感の強い思春期にある子どもたちの心に近づくことは、至難の業《わざ》です。

僕は、「もし今この医療機関を利用するのがいやなら無理強いしないけれど、こうした場所があることだけは、頭の片隅に置いておいてね」と告げ、しばらくは親だけから相談を受けることがあります。ときに時間を置いて子どもと再会することもあります。玄関の鍵は開けておくので、あとは子ども自身が扉に手をかけるかどうか待つ、という感じです。

大切なことは、焦らず強制しないこと、でしょうか。発達障害に限らず、本人が相談したいと思ったときが精神科受診のベストタイミングだと、僕は思っています。

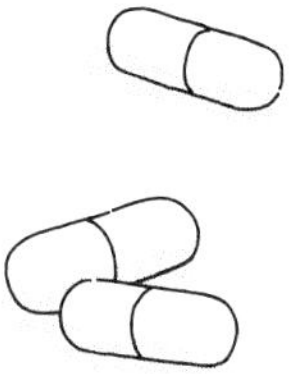

**Q** うちの子は男の子でしたが、ADHDの女の子には女子特有の困難や課題があると思います。「女子がとくに直面しやすい課題」と「親の関わり方」を教えていただけませんか？

**A** **親は感情的になりやすいという印象があります**

ＡＤＨＤと診断された女子は男子と比べて不注意傾向が目立ちます。また、よく空想にふけっているように見えます。どちらかというとモジモジしていることが多く、恥ずかしがり屋のように見え、行動もワンテンポ遅れやすいようです。

生活面では、片付けが苦手で、部屋が汚いと言われがちなようです。さらに時間にルーズで、待ち合わせでは必ず遅刻するとか、準

備に時間がかかりやすく、加えてモノをなくしやすいため、常に必要でないものまで鞄に入れて大移動する、という努力をしています。全体的に「だらしない」ように見えてしまうわけです。

社会的には、男子よりも女子に、清潔さ、配慮、しっかり者、面倒見のよさといった部分が求められているように思います。同じような態度でも、男子に比べて女子のほうが、「女の子なのに……」と、不当に評価されがちです。同じような生活を男子がしていても、「ほんとにしようがない子」とため息をつかれる程度で、女子よりは風当たりが緩やかな印象があります。だから女子は、男子に比べて傷つき、落ち込みやすいようです。不公平ですね。

家庭内で子どもに関わるのは、おもに母親であることが多いようですが、母親は息子に対しては、「ほんとに面倒、大変」「言うことをきかないし、口もきこうとしない」とこぼしながらも気にかけ、距離を置かない傾向があります。

これが女子、すなわち娘への対応になると、男子（息子）の場合よりも感情的になりやすいようです。距離が近くなったり遠くなったりと、一貫しない傾向があります。女性同士ゆえに価値観が衝突することもあるのでしょう。また、娘に対してどこか、自分と同様の「忍耐」を当然のように求めてしまい、結果、我慢させてしまうのかもしれません。

娘のいる親御さんには、自分と子どもとの距離感や、自分が子どもに向けている感情を自己点検しておくことをお勧めします。

Q 最後に、このマンガに描いた息子と同じくらいの年代の子を育てる親御さんにメッセージをお願いします。

A **子どもの思いに近づくこと。その大切さに気づきたい**

親は、常にわが子のよりよき将来に向け、今に投資します。一生懸命に関わろうとします。しかし、ADHDという特性は、そうした努力と気合を空回りさせます。さらに思春期が、親子の間に「対立」というつらい状況を作りだします。

そのなかで親は過剰に焦り、つい、子どもに対する口調が強くなります。今一度、子どもを支配できないかと、淡い期待を持ちます。そして、無理であることを知り、無力感に苛《さいな》まれます。

おそらくこれが、多くの（あるいはほとんどすべての）親が、思春期のわが子に直面したときにたどる経過ではないでしょうか。

親や関係者は、（とても難しいことなのですが、理想的には）あわてず、しっかりと、そしてできれば「子どもが思春期という成長段階に立ったこと」に喜びをもって向き合ってほしいと思います。決して完璧な対応は目指さないでください。対応は不十分で結構です。ただ、子どもの思いに近づいてほしいと思います。

ADHDという特性とともに生きること、その困難さを追体験することは、親であっても難しいことですが、思春期を生き抜いた経験は誰にもあります。同時に僕たちは、同じ思春期にありながら、自分と異なる生き方を示してくれた友人をたくさん見てきたはずです。幸いにして僕たちには、そうした経験があるわけですから、その経験をすこしでも活用してもらいたいものです。

僕は、子どもには、愛される権利、遊ぶ権利、意見を表明する権利、生命を尊重される

権利という、４つの権利があると考えます。こうした子どもの権利を、改めて親御さんに認識してほしいと思っています。そのうえで、思春期という一時期の大変さに挫《くじ》けることなく向き合い、支え合い、成長を見守り続ける思いを持ってください。

　思春期はいずれ過ぎる〝嵐のとき〟です。疾風怒濤《しっぷうどとう》の時期ではありますが、必ず乗り越えることができるはずです。このときの苦労を乗り越えられたなら、その後の穏やかな航海のなかで時々、悪天候に見舞われたとしても、焦ることなく海原を進むことができるはずです。親も子も、そんな貴重な体験を得られる時期なのです。

　ともに育ち合うことに、ゴールはありません。希望を見失わず、子どもとともに進んでください。

# あ・と・が・き

「子どもが反抗期のときは本当に大変でした〜」と、過去形で言えたらいいのですが、現在も息子リュウ太（19歳）と3日に一度は口喧嘩で、反抗期は進行中です。

この本の原稿を書いていると息子が覗《のぞ》いてきて、「ああ、あのときのこと書いてるのか、アレは酷かったね〜」なんて、一番反抗していた中学生のときのことを一緒に笑って話しました。

マンガを描くために、過去を振り返ってまとめていると、「あのとき、あんなに怒らなくてもよかったかも?」と思うことばかりです。イヤなこともいいことも、思い出となり、反省となり、育児経験となり、私の人生を豊かにしてくれました。

ちょっと育てにくい息子が私には丁度よくて、この育児が私に必要な修行の一つなのだと感じるようになりました。この先も息子に振り回される出来事があるかもしれませんが、いつでも通り過ぎた嵐を笑って話せる親子になっていきたいです。

解説を書いてくださった田中康雄先生、転載を認めてくださった真鍋昌平先生、ありがとうございました。

そして、この本を手に取ってくださいました皆さまに心から感謝申し上げます。

かなしろにゃんこ。

おまけです!

# レクチャーする①

# レクチャーする2

ある日のこと騒音のことで再びケンカ
ギャー
ギャー
だからなんで夜に大きい音出しちゃいけないのさ
↑何度も同じことを聞いてくる
住宅街だし迷惑だからって言ってるじゃない
ハァ～？
迷惑ってなに？
「迷惑」って言葉がバクゼンとしてて分からないんだ
――と気がついた
……
この子には具体的な例をあげて話すことがポイント！
昼と違って夜は静かになるから音がよく響くんだよ
それとね寝入りばなによそから音が聞こえてくると睡眠の妨げになるわけ
そういうことか！
丁寧に説明すればちゃんと分かってくれる

# 付録の記入の仕方

記入例

①

いつも仲よくしてくれてありがとう!

Ⓐかなしろリュウ太 通信

Ⓐかなしろリュウ太 には、発達障害の Ⓑ ADHD という
少しややこしい症状があります。
病気ではないのだけれど、脳の働きがうまくいかないことがあって、
少し変わった行動をとってしまいます。そのお話を少しさせてくださいね♪

②

みんなと同じような行動がとれないところがあります

★リュウ太は、イスにずっと座っていると、とても苦しくなってしまいます。そのために、すぐに立ち歩いてしまいます。

★よく物をなくします。
物を置いた瞬間に忘れてしまいやすいのです。

★おしゃべりを自分で止められないときがあります。
つぶやいているとツラくなくて落ちつくからです。

★聞きまちがいや言いまちがいをしてしまいます。
まちがえていたら、やさしく注意してくださいね。

③

体の動きでうまくできないところがあります

★指をうまく動かすことができません。
そのために、細かい工作などはとても時間がかかってしまいます。

★思ったように体を動かせないので、変な動きになってしまうことがあります。
そのため、走ったり、リズムダンスをしたりすることがうまくできません。

④

そのほかこんなところもあります

★言われたことを覚えていられないことがあります。

★ルールや予定の急な変更が、とてもツライです。
ルールや予定の変更に慣れるのに時間がかかります。

⑤

こんなふうに、できないことがいっぱいあるけれど、
かなしろリュウ太 がクラスの一員でいられるように協力よろしくお願いします。
読んでくださってありがとうございます。 かなしろリュウ太 の保護者より

## 参考文例

◆発達障害の特性には、それぞれ個性がありますので、すべてのケースに当てはまらないかもしれませんが、参考例としてご活用ください。

★イスにずっと座っていることがツラくて席を立つことがあります。動いていないと落ち着かないのです。
★言われたことを覚えていられないことがあります。忘れているけれど、教えてくれたら思い出します。
★物をなくすことがあります。物を置いた瞬間に忘れてしまうためです。
★おしゃべりを自分で止められないときがあります。つぶやいているとツラくなくて落ち着くからです。
★聞きまちがいや言いまちがいをよくします。まちがえていたら、やさしく注意してくださいね。
★指がうまく動かないことがあります。細かい工作は時間がかかります。
★思ったように体をじょうずに動かせません。走ることや、リズムダンスがうまくできないことがあります。
★はずかしがりやで、人の目を見て話すことが苦手です。下を向いて話すこともあります。
★小さなときから大きな声でしゃべれません。聞きづらいこともあるけどゆるしてね。
★自分が大きい声でしゃべっていることに気づきにくいです。声が大きいときは「しー」と教えてね。
★大きな声で急に話しかけられると、ビックリして怒ることがあります。本気で怒っているのではなく、驚いたショックでそうなります。
★ひとりで本を読んでいるときは本の世界に入っているので、話しかけられるとツラくなって怒ることがあります。本を読んでいるときはそっとしておいてくれたらうれしいです。
★××の音を聞くと気分が悪くなって教室にいられなくなることもあります。
★そうじのやり方をいつも忘れてしまいます。忘れていたら教えてくださいね。
★急なルールの変更や予定の変更が、とてもツライです。変更に慣れるのに時間がかかります。
★「ありがとう」や「ごめんなさい」をうっかり言い忘れることがあります。「言い忘れているよ」と教えてもらえたら思い出します。
★給食の××がどうしても食べられません。ほかの物は残さず食べるのでゆるしてくださいね。
★人の物をだまって使うことがあります。ぬすんでいるつもりではありません。勝手に使ってごめんなさいね。「ぼくの（私の）だから返して」と教えてくださいね。

枠Ⓐにお子さんの氏名を、
枠Ⓑに診断名を記入します。

お子さんの「行動」に関する特性を記入します。

お子さんの「体の動き」に関する特性を記入します。

②と③欄に書ききれなかったお子さんの特性を記入します。

2つの枠内にお子さんの氏名を記入します。

付録について

## かなしろにゃんこ。オリジナル告知シート

★著者がリュウ太くんのために作成した「告知シート」（3章35ページに登場）を付録としてつけました。
★141ページは男の子用、142ページは女の子用です。「お子さまの特性」をクラスのお友だちや保護者の方に告知するときにお役立てください。

**使い方**

◆付録ページを切り取り、「付録の記入の仕方」（138～139ページ）を参考にして、お子さまの特性を記入してください。
★記入後、配付に必要な枚数だけコピーをとってご活用ください。簡単に告知のための通信を作ることができます。

いつも 仲よくしてくれてありがとう!

# 通　信

　　　　　には、発達障害の　　　　　　という
少しややこしい症状があります。
病気ではないのだけれど、脳の働きがうまくいかないことがあって、
少し変わった行動をとってしまいます。そのお話を少しさせてくださいね♪

みんなと同じような行動がとれないところがあります

体の動きでうまくできないところがあります

そのほかこんなところもあります

こんなふうに、できないことがいっぱいあるけれど、
　　　　　がクラスの一員でいられるように協力よろしくお願いします。
読んでくださってありがとうございます。　　　　　の保護者より

いつも 仲よくしてくれてありがとう！

# 通信

には、発達障害の　　　　　という
少しややこしい症状があります。
病気ではないのだけれど、脳の働きがうまくいかないことがあって、
少し変わった行動をとってしまいます。そのお話を少しさせてくださいね♪

こんなふうに、できないことがいっぱいあるけれど、
　　　　　がクラスの一員でいられるように協力よろしくお願いします。
読んでくださってありがとうございます。　　　　　の保護者より

**著者　かなしろにゃんこ。**
千葉県生まれ、漫画家。1996年に「なかよし」でデビュー。代表作に「ムーぽん」ほか。作品に『漫画家ママの　うちの子はADHD』（田中康雄監修）『発達障害　うちの子、人づきあい だいじょーぶ!?』（以上、講談社）、『発達障害でもピアノが弾けますか？』（中嶋恵美子原作、ヤマハミュージックメディア）などがある。発達障害に関するポータルサイト「LITALICO発達ナビ」（https://h-navi.jp/）でコラムを好評連載中。

**監修者　田中康雄（たなか・やすお）**
1958年生まれ。北海道大学名誉教授、児童精神科医、臨床心理士。現在、こころとそだちのクリニック　むすびめ院長。1983年に獨協医科大学医学部を卒業後、旭川医科大学医学部附属病院（現・旭川医科大学病院）精神科神経科、同病院外来医長、北海道大学大学院教育学研究院教授、同附属子ども発達臨床研究センター教授などを経て現職。『軽度発達障害　繋がりあって生きる』（金剛出版）、『生活障害として診る発達障害臨床』（中山書店）など著書多数。

うちの子《こ》はADHD　反抗期《はんこうき》で超《ちょう》たいへん！　　こころライブラリー

2017年10月３日　第１刷発行

著　者　かなしろにゃんこ。
監修者　田中康雄《たなかやすお》
発行者　鈴木　哲
発行所　株式会社講談社
郵便番号112-8001
東京都文京区音羽2-12-21
電話　編集　03-5395-3560
販売　03-5395-4415
業務　03-5395-3615
印刷所　慶昌堂印刷株式会社
製本所　株式会社若林製本工場



N.D.C.494　142p　21cm


ISBN978-4-06-259719-7

# かなしろにゃんこ。
作品紹介

## 発達障害
## うちの子、将来どーなるのっ!?

進路選択の方法から高校・大学での支援、
そして特例子会社まで。
発達障害支援の現場とそこでの実践を、
漫画家ママが突撃リポート！

ISBN978-4-06-259708-1
定価：本体 1400 円（税別）

## 発達障害
## うちの子、人づきあい だいじょーぶ!?

どうしてうまくいかないの？
友達、恋愛、夫婦仲など、人間関係の
悩みを解決するヒントがわかる、
現場からのリポート第２弾

ISBN978-4-06-259715-9
定価：本体 1400 円（税別）